Pharma
Bettlektüre
Erinnerungen für die Zukunft

Hanno Wolfram

2017

Herstellung und Verlag:
BoD – Book on Demand, Norderstedt
ISBN 9783848222353
September 2017

Pharma Bettlektüre

Erinnerungen für die Zukunft

Hanno Wolfram

VORAB

Jedes gescheite Buch hat ein Vorwort. Dieses Buch hat nicht wirklich eines. Die Literatur ist voll von möglichen Vorwörtern und zum Vorwort prädestinierten Autoren. Um die Qual der Wahl überhaupt nicht erst aufkommen zu lassen, habe ich beim Fertigstellen dieses Buches auf ein Vorwort verzichtet.

Anstatt dessen versuche ich gleich zu Beginn zu vermitteln was mich bewegt hat dieses Buch zu schreiben und an wen und was ich beim Schreiben gedacht habe.

Ich hoffe, dass der Inhalt des Buches meine Intention und Motivation tatsächlich widerspiegelt und sich die richtigen Stakeholder davon angesprochen fühlen. Eigentlich ist die Zeit doch reif, dass die Pharmaindustrie die Rolle des Prügelknaben abgestreift.

In der Vergangenheit hat sie den Politikern reichlich Anlass geliefert, als der „locus minoris resistentiae" zu gelten. Als politische Zielscheibe taugt sie allemal, dafür haben nicht nur die „Shkrelis"[1] dieser Welt, sondern die eigene Preispolitik gesorgt. Vor allem die Prognosen zu Behandlungskosten mit biologischen Arzneimitteln haben die Politiker dieser Welt neuerlich aufgeschreckt und auf den Plan gerufen. Dass die Planungen für den eigenen Umsatz und damit die Kosten der Krankenversicherungen vielfach nicht eingetroffen sind, belegt dass die Zukunft im 21. Jahrhundert nur schwierig vorauszusagen ist. Dies gilt vor allem, wenn Zukunft mehr als ein Quartal entfernt liegt.

Wenn Sie an dem Buch wenig finden, sagen Sie es bitte mir (Hanno@Innov8.de). Wenn Sie das Buch gut finden, sagen Sie es gerne Anderen.

---

[1] https://de.wikipedia.org/wiki/Martin_Shkreli

WARUM DIESES BUCH?

Im Jahr 1975 habe ich im Außendienst eines Pharma-Unternehmens meinen Weg im Gesundheitswesen begonnen. Nach 20 Jahren Pharmaindustrie habe ich sie als Area Manager Europa verlassen. Der Grund dafür war persönlich: ich wollte unsere Kinder öfter als nur an Wochenenden sehen. Aus der Retrospektive war es ein großes Privileg, an vielen Stationen und Ländern diese Industrie intensiv kennengelernt zu haben. Es war ungeheuer spannend zu sehen, wie sich diese Industrie entwickelt, aber eben nicht wirklich verändert hat.

In den zwei Jahrzehnten seit meinem Weggang aus der Industrie habe ich sehr viele engagierte Menschen kennen gelernt und mit vielen gemeinsam gearbeitet. Workshops oder Beratungsprojekte mit Pharmaunternehmen, - nein, eigentlich nicht mit den Unternehmen, sondern mit den handelnden Akteuren, in mehr als 25 Ländern, haben mein Leben bereichert und mich persönlich beindruckt.

Ob es mein erstes Zusammentreffen mit gläubigen Muslimen in Jeddah oder der viertägige Workshop in Kunming, im Süden Chinas mit Pharma-Gebietsleitern aus Bangladesh oder die Woche in Singapur mit Führungskräften aus 16 asiatischen Ländern war: das gemeinsame Arbeiten, das Kennenlernen der Kultur und der Abgleich mit den mir bekannten Verhaltens- und Denkmustern, hat mir deutlich mehr gegeben, als jeglicher Touristen-Aufenthalt in einem dieser Länder.

Die Harbour-Bridge in Sydney war trotzdem eindrucksvoll, genau wie das Kempinski in Dubai oder das Café Puschkin in Moskau.

Das gemeinsame Ringen mit „Einheimischen" um klare Einsichten in die vielen Sachverhalte und Details rund um das Geschäftsmodell der Pharmaindustrie, war der absolute „Bringer". Peter Drucker hatte recht, als er sagte: *"No one learns as much about a subject as one who is forced to teach it."*

Festgefahrene Überzeugungen von in-sich-ruhenden, mit Tunnelblick ausgestatteten und ihrem Tun überzeugten Pharmamanagern waren gleichermaßen beeindruckend. Viele meiner Erlebnisse und Erfahrungen haben mich sehr nachdenklich hinterlassen.

Vielleicht gelingt es mir mit diesem Buch, einige dieser Erfahrungen mit Ihnen, meinen Leserinnen und Lesern, zu teilen und einen Beitrag dazu zu leisten, dass irgendwann in der Zukunft die Pharmaindustrie den Platz einnimmt und ausfüllt, der ihr im Grundsatz zusteht.

FÜR WEN IST DIESES BUCH?

Wenn Sie

- Ausreichend neugierig sind und etwas mehr über Marketing und Vertrieb, die Entwicklung der Pharmaindustrie und deren „Nicht-Veränderung" in den letzten Jahrzehnten erfahren möchten,
- Grundsätzlich an dieser wertvollen Industrie Interesse haben,
- Vielleicht sogar dort tätig sind, in dieser Industrie eine gestaltende Rolle bekleiden, oder
- Schon immer mal etwas zu diesen Themen lesen wollten,

dann sind Sie die richtige Leserin oder der richtige Leser für dieses Buch.

Lesen muss man nicht in einem Rutsch, sondern das geht auch seiten- oder kapitelweise: Bettlektüre eben.

Wer Kontakt mit dem Autor aufnehmen möchte: Hanno@Innov8.de

Das Buch dreht sich um ein großes Problem, das mich schon lange beschäftigt:

Wahrnehmung und Reputation der Pharmaindustrie entsprechen nicht den Beiträgen, die diese Industrie für Lebensqualität, Lebenserwartung, Genesung und Verbesserung von Gesundheit leistet.

„Wenn das Gesundheitswesen eine Familie wäre, welche Rolle spielte darin die Pharmaindustrie?" war einmal eine sehr spannende Frage in Fokusgruppen-Interviews. Die meistgeäußerte Antwort war für den Auftraggeber und alle Beteiligten gleichermaßen aufrüttelnd:

Im Gesundheitswesen spielt die Pharmaindustrie die Rolle der „bösen Stiefmutter".

In Märchen ist die Stiefmutter meist diejenige, die Mitglieder der Stief-Familie eben stiefmütterlich behandelt. Sie ist nur lieb und nett zu den eigenen Nachkommen. Bei den anderen gilt sie als böse, unberechenbar, intrigant und selbstsüchtig.

Vielleicht liegt hierin bereits eine Begründung dafür, dass die Einkommen, die man in der Pharmaindustrie erzielen kann, statistisch an dritter Stelle rangieren. Nur Banken- und Finanzindustrie bezahlen ihren eigenen Mitarbeitern noch mehr. (Stepstone, 2016).

Vielleicht schafft es eines Tages diese Industrie, sich so zu verändern, dass für alle Beteiligten erkennbar wird, wie sehr sie daran beteiligt ist, dass wir heute in Deutschland von einer Lebenserwartung von statistisch 80,8 Jahren (OECD, 2015) sprechen können.

Für diesen langen und beschwerlichen Weg kann dieses Buch vielleicht den einen oder anderen Hinweis geben. Wer weiß?

Gender-Correctness: Die in diesem Buch meist verwendete männliche Sprachform dient ausschließlich der einfacheren Schreibe.

ERFAHRUNGEN

Erfahrungen aus dem beruflichen Alltag zeigen eine Tendenz Killerargumente zu werden. Die Herkunft vieler Erfahrungen von Pharmamanagern ist so fragwürdig, wie deren Zeugen. „Ich hatte mal einen Onkel..." oder „Ich kenne da einen Arzt, der ..." reicht als erfahrungsprägend manchmal aus, um die Entstehung neuer oder anderer Einsichten auszuschließen.

Tragisch wird es, wenn Berufserfahrung als zentrales Kriterium für den nächsten Karriereschritt angesehen oder vorausgesetzt wird.

Es nimmt deswegen nicht wunder, dass auch im 21. Jahrhundert Pharma-Manager nach dem Motto entscheiden: „Was Jahrzehnte richtig war, kann heute nicht falsch sein."

Es ist dies kein alleiniges Privileg deutscher Pharmaunternehmen. Obgleich man uns zugestehen muss, dass eine der wesentlichen Gaben deutscher Landeskultur den Namen *Beharrungsvermögen* trägt. Nachdem auch international die Pharmaindustrie von Beratern ständig an den sogenannten Best Practices ausgerichtet wird, ist sichergestellt, dass sich der fehlende Wille zur Veränderung wie ein multiresistentes Bakterium in der gesamten Branche und in praktisch allen Ländern ausgebreitet hat.

Solchermaßen einschränkende Erfahrungen betreffen eine große Zahl von Bereichen, in denen die Pharmaindustrie aktiv ist. Meiner beruflichen Herkunft entsprechend liegt mein besonderes Interesse in dem Bereich, der mit Pharma-Marketing und Pharma-Vertrieb am besten umschrieben ist.

Der Bereich Marketing ist in vielen Unternehmen eine gesonderte Abteilung, die neben der Abteilung Außendienst im Organigramm geführt wird. Was dort wie getan wird, entspringt der Weitergabe von Erfahrungen aus der Vergangenheit und dem Recycling alter Stellen- und Aufgabenbeschreibungen.

Durch die Verwendung des Wortes „Abteilung" ist in aller Regel sichergestellt, dass Marketing und Außendienst sich „abteilen". Das gemeinsame Arbeiten für ein gemeinsames Ziel ist strukturell ausgeschlossen, unwahrscheinlich oder bedarf ganz besonderer individueller Anstrengungen.

Erfahrung bedeutet eben auch, dass die Beteiligten über Begriffe wie das Wort *Abteilung*, nicht (mehr) nachdenken und es als gegeben hinnehmen. Es erscheint dennoch wichtig und wertvoll zu respektieren, dass das Wort „*Abteilung*" etymologisch von *abteilen* hergeleitet wird und bis heute nichts mit *Zusammenarbeit* zu tun hat.

Als dann eines Tages die eine mit der anderen Abteilung zusammengelegt und zur Business Unit erklärt wurde, glaubte man, dass damit Zusammenarbeit hergestellt werden kann. Manche haben sich aber lediglich verwundert die Augen gerieben und über neue Anglizismen geärgert. Der Rest blieb wie früher.

Das Gerangel um die Vorherrschaft im Unternehmen besteht noch immer. Entweder die Produktmanager haben das Sagen, weil sie auf den Budgets sitzen oder der Außendienst ist der Chef von allem, weil hier „die meisten Leute" arbeiten.

Apropos „die meisten Leute": Ich erinnere mich an Zeiten, da hat Erfahrung dazu geführt, dass das eigene Unternehmen es grundsätzlich anderen gleichtun musste. Das kostspieligste Beispiel war: je mehr Außendienstmitarbeiter, umso erfolgreicher. Erfolg wurde zu diesen Zeiten in Umsatz gemessen. Kosten spielten keine Rolle, denn bei chemischen Arzneimitteln sind die Herstellkosten (cost of goods) gering und betragen in der Regel weniger als 10 % vom Preis.

Eine dieser alten Erfahrungen hat die Außendienstleiter dieser Welt gelehrt, dass man bei seiner Zielgruppe möglichst viele Besuche in möglichst kurzer Abfolge mit möglichst der gleichen Botschaft abliefern muss. Damit treibt man den Umsatz des besprochenen Produktes in die Höhe, sagt die Erfahrung.

Bis in das Jahr 2016 hatte es sich noch nicht herumgesprochen, dass diese traditionelle Gleichung heute nicht mehr gelten kann. Trotzdem macht der Senior Vice President, Technology Solutions, IMS Health, diese Aussage:

„Heute ist die Rolle des Außendienstes ziemlich klar: Entsprechend des Besuchsplans besucht er den Arzt, liefert seine Nachricht ab und berichtet es zurück. Danach geht er zum nächsten Arzt und wiederholt es." (Craig Sharp, 2016).

Doch dazu später mehr.

JA, FRÜHER ...

Der eine oder andere mag sich noch daran erinnern, als niedergelassene Ärzte beim Besuch eines Pharmaberaters gesagt haben: „Kommen Sie rein, Herr Kollege! Mögen Sie einen Kaffee?" Diese Erlebnisse gab es vergleichsweise oft in den späten 70er und frühen 80er Jahren des letzten Jahrhunderts.

Unterschiedlich waren die Begriffe für Menschen, die von Pharma-Unternehmen angestellt wurden, um niedergelassene und andere Ärzte therapeutisch zu beraten. Es gab noch keine geschützte Berufsbezeichnung. Sie hießen Pharmaberater, Pharmaassistenten oder so ähnlich.

Die wichtigsten Auswahlkriterien waren Seriosität und Seniorität. Viele waren selbst Apotheker, Ärzte oder Angehörige verwandter akademischer Berufe. Zu Beginn war es ziemlich klar, dass Menschen die sich mit Ärzten auseinandersetzen und ihnen therapeutische Ratschläge geben wollten, selbst eine akademische Ausbildung haben sollten. Es war ihre zentrale Aufgabe, ihr Unternehmen zu vertreten und alles daran zu setzen, dass die Ärzte ihren Patienten eine möglichst optimale Therapie zukommen ließen.

Ja, das war damals wirklich wichtig.

Es ging nicht darum, mit den eigenen Produkten möglichst viel Umsatz zu machen. Noch wurde niemand wirklich am Umsatz gemessen. Es gab zwar auch 1975 bereits Umsatzdaten, aber sie erreichten die handelnden Akteure frühestens sechs Wochen nach Ende eines Quartals. Da sie auf riesigen Papierbergen gedruckt waren, waren auch der Auswertung deutliche Grenzen gesetzt.

Das zentrale Messkriterium für die Beurteilungen durch Vorgesetzte war die Zufriedenheit der Ärzte mit ihrem Ansprechpartner und vor allem der erkennbare persönliche Konnex, den man miteinander hatte. Die einschlägigen Rückmeldungen von Ärzten wurden regelmäßig vom Gebiets- oder Regionalleiter bei gemeinsamen Besuchen erfragt und erfühlt.

Das gab es damals auch: man wurde von der „Sprechstundenhilfe" angerufen und gefragt, ob man mal wieder Zeit habe, vorbei zu kommen und den Arzt zu besuchen.

Wenn Ärzte spezielle therapeutische Fragen hatten, wandten sie sich oft an ihre persönlich bekannten Pharmareferenten, denn sie waren eine kompetente Quelle, auch für aktuelle Informationen.

Zum Beispiel bei bakteriellen oder viralen Endemien, konnte ein Pharmareferent an einem Tag 8-10 Ärzte fragen: „Wie behandeln Sie denn Ihre aktuellen Erkältungspatienten?" Mit diesem Wissen oder einem Substrat daraus, wurden die anderen niedergelassenen Ärzte in der Umgebung sachgerecht informiert und es wurde mit ihnen therapeutisch diskutiert.

Lange vor der Erfindung des Berufsbildes Pharmareferenten waren die Gesprächspartner von niedergelassenen oder Klinikärzten gut ausgebildet, hatten detailreiches Wissen und einen weitreichenden Überblick zur Therapie mit Arzneimitteln.

ARZNEIMITTELMUSTER

Arzneimittelmustermuster gab es früher in fast beliebiger Menge.

Wir hatten Muster der Besprechungspräparate zuhause und im Auto. Die Menge war fast beliebig. Dies galt sowohl für die Anforderung beim Arbeitgeber als auch bei der Abgabe an Ärzte. Wir wurden lediglich ermahnt und gelegentlich daran erinnert, dass es nicht Aufgabe eines Musters war, Verordnungen zu ersetzen. Sie sollten es einem Arzt ermöglichen, sich mit Patienten ein eigenes Bild von Haupt- und Nebenwirkungen zu machen. Musterabgaben zu aktuellen Produkten fanden meist in verblisterten Stangen zu zehn OPs statt.

Regelmäßig erfüllt wurden Arztbitten nach Mustern eines bestimmten, meist älteren Medikamentes „ad usum proprium" – für den eigenen Gebrauch. Solche Muster gab es, mit der entsprechenden Begründung, außerhalb des normalen Musterkontingents. Sie förderten die Bindung damaliger Therapieentscheider an seinen Pharmareferenten und bildeten gleichzeitig das, was heute als „Markenbild" bezeichnet wird.

PHASE IV-STUDIEN

Eine sehr spannende Entwicklung nahmen die sogenannten Anwendungsbeobachtungen, Phase IV-Studien, post-marketing-surveys (PMS) oder wie man sie sonst noch nennen mag.

Die erste Phase IV-Studie, an die ich mich erinnere, war ein ausführlicher Fragebogen, den ein Arzt ausfüllen musste, nachdem er dem Patienten ein Analgetikum mitgegeben, ihn nach einer Woche nach dem therapeutischen Ergebnis befragt und eine Anzahl Laborparameter erhoben hatte.

Der Arzt erhielt nicht nur die entsprechende Anzahl (offener) Muster, sondern ebenfalls ein Honorar. Das Honorar für seine aktive Teilnahme an dieser Untersuchung mit der Eintragung verschiedener verschlüsselter Patientendaten und dreier unterschiedlicher Laborwerte im Abstand einer Woche, betrug fünf (5 DM) Deutsche Mark. Die maximale Anzahl von Patienten, die in einer Praxis in eine solche Studie eingeschlossen werden sollte, war zehn Teilnehmer.

Ich denke, jeder Insider wird sich zur Entwicklung dieser Studien über die Zeit eine eigene Meinung gebildet haben. Viele dieser, im Grundsatz wertvollen und teilweise sogar wissenschaftlich geprägten Ansätze, scheinen über die Jahre der „Gier nach Geld und Umsatz" zum Opfer gefallen und zum Verordnungstrigger verkommen zu sein.

Es ist das Ziel, das den Unterschied macht.

PHARMAREFERENT: EIN NEUER BERUF

Als Berufsbild wurde der geprüfte Pharmareferent 1978 erfunden. Ein umfangreiches Ausbildungs-Curriculum entstand unter anderem, um den fachlichen Anspruch von forschungsgetriebenen Arbeitgebern zu erhalten. Bereits 1978 ging es darum, dass Unternehmen berechtigte Sorge hatten, dass ihre Mitarbeiter von Ärzten nicht mehr empfangen und weniger auf Augenhöhe wahrgenommen wurden. Dies lag vor allen Dingen darin begründet, dass immer weniger Pharmaberater tatsächlich Ärzte oder Apotheker waren.

Die meisten Ärzte, denen sich nach dem Krieg noch keine freie Niederlassungsmöglichkeit bot geboten hatte, fanden wieder eigene Praxen. Für diese Ärzte waren die Pharmaindustrie und die Arbeit als „Pharmavertreter" nur ein berufliches Intermezzo, bevor es wieder möglich war, sich als Arzt niederzulassen. Meist verbrachten sie die weiteren Jahre ihres Berufslebens als niedergelassener Arzt in eigener Praxis.

Auch Apothekern ging es ähnlich, gab es doch zunehmend Neugründungen von Apotheken. Im Unterschied zu Kassenärzten, wurde die Niederlassungsfreiheit von Apothekern aber bereits im Jahr 1958 eingeführt.

Erschwerend für die Pharmaindustrie kam hinzu, dass Einkommen, wie sie von niedergelassenen Ärzten und Apothekern in den 1970er Jahren erzielt wurden, von der Pharmaindustrie nicht mehr geleistet werden konnten. Mir sind Sätze in Erinnerung, wie dieser: „Es kann ja wohl nicht sein, dass ein Mitarbeiter im Außendienst mehr verdient als ein Abteilungsleiter?!"

Die Reputation der Pharmaberater bei ihrer Klientel war hoch und ihr Ansehen war in den meisten Fällen von großem Respekt geprägt, denn sie hatten Ahnung und waren Gesprächspartner auf Augenhöhe. Sie leisteten werthaltige Beiträge für den Praxisalltag. Es gab auch nette Anekdoten.

Ich habe nie vergessen, als ein erkennbar angetrunkener Arzt mich in seinem Sprechzimmer empfing. Unser Gespräch drehte sich ausnahmsweise nicht um Arzneimittel, sondern um des Arztes persönliches Wohlbefinden.

Kurz bevor er mit dem Kopf auf die Tischplatte schlug und einschlief, bat er mich noch sehr jovial: „Mach du mal hier weiter!"

Gemeinsam mit seiner resoluten Sprechstundenhilfe (damals hatten viele Hausärzte nur <u>eine</u> Arzthelferin) haben wir den Doktor dann in seine Privatgemächer im ersten Stock zum Ausnüchtern gebracht. Die Patienten wurden wegen Unpässlichkeit Ihres Hausarztes auf den nächsten Tag vertröstet und nach Hause geschickt.

Die Ausbildungsdauer zum geprüften Pharmareferenten betrug sechs Monate. Die ersten drei Monate wurden für die Vermittlung von Grundlagenkenntnissen in vielen Fächern aufgewendet. Danach fanden drei Monate Präparateausbildung mit allen notwendigen Details statt.

In den ersten drei Monaten wurde z.B. die „Allgemeine Pharmakologie", mit Pharmakokinetik und Pharmakodynamik gelehrt, um in den zweiten drei Monaten produktbezogen vertieft zu werden. Damals spielten Invasions- und Eliminationshalbwertszeiten, Ausscheidungswege und Metabolismus im Arztgespräch noch eine wichtige Rolle. Zwischen den Wettbewerbern entspann sich oftmals die Diskussion um die Wirkung aktiver Metaboliten. Es ging weder um Generika und schon gar nicht um Preise.

In der „Verordnung über die Prüfung zum anerkannten Abschluss Geprüfter Pharmareferent/Geprüfte Pharmareferentin" von 2007 [2] sind vier Qualifikationsbereiche im Detail nachlesbar:

---

[2] Verordnung über die Prüfung zum anerkannten Abschluss Geprüfter Pharmareferent/Geprüfte Pharmareferentin vom 26. Juni 2007 (BGBl. I S. 1192)

1. Naturwissenschaftliche und medizinische Grundlagen.
2. Pharmakologie, Pharmakotherapie und Krankheitsbilder.
3. Arzneimittelrecht, Gesundheitsmanagement und -ökonomie.
4. Kommunikation, Pharmamarkt, Pharmamarketing.

Heute noch zehren viele von dem, was sie damals an profunden medizinischen, pharmakologischen, galenischen, juristischen und anderen Sachverhalten gelernt haben.

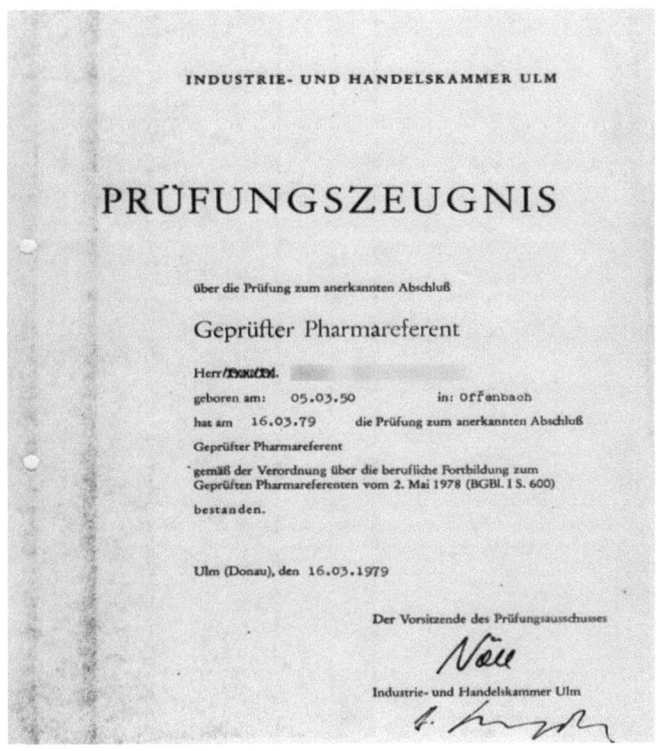

ABBILDUNG 1:
PRÜFUNG BESTANDEN

DER SOGENANNTE PHARMAMARKT

Ein Markt entsteht, wenn Angebot und Nachfrage nach Produkten, Dienstleistungen oder auch nach „Nutzungs- und anderen Rechten" wie z.B. an Musik oder Text, geplant zusammentreffen. Der Austausch von „Angebotenem gegen Geld oder einen geldähnlichen Wert " gehört ebenfalls zur Definition eines Marktes.

Es stellt sich also die sehr wichtige Frage, ob der Pharmamarkt, insbesondere der Teilmarkt „verordnungspflichtige Arzneimittel", jemals ein Markt war?

Es erscheint nachdenkenswert, diese Frage zu stellen. Dies gilt vor allem Dingen, seitdem die Pharmaindustrie zu Beginn der Achtzigerjahre, Begriffe wie *Verkaufen* und *Kunde* in die Aufgabenfelder von Pharmareferenten eingebracht hat. Entsprechend der „offiziellen" Definition von Markt arbeiten Pharmareferenten allerdings nicht in einem Markt. Es fehlt nämlich bis heute weitestgehend die Nachfrageseite.

Seit einigen Jahren könnten für Generika-Unternehmen allerdings Krankenkassen die Nachfragerolle spielen. Der Teil des vertragsgebundenen Generikageschäftes könnte somit *Markt* im engeren, volkswirtschaftlichen Sinn sein.

Dies ist deswegen von Bedeutung, weil (nur) dann die „Regeln des Marktes" gelten würden.

1979 hat ratiopharm eines der ersten Generika eingeführt. Mit gerichtlicher Hilfe wurde erstmals bestätigt, dass ein solches Generikum tatsächlich dem Original gleichzusetzen und damit als „Nachahmerprodukt", bezugnehmend zugelassen werden konnte und marktfähig war. Anfangs waren Generika eher „Igitt", aber die „normative Kraft des Faktischen" hat bald zur Akzeptanz bei den Verordnern geführt.

Die größten normativen Kräfte gingen von Regressen und Regressdrohungen der KVen aus.

Ich erinnere mich an das persönliche Gespräch mit dem Geschäftsführer einer der großen Krankenkassen in NRW im Jahr 1982. Man hatte den Eindruck, dass die Krankenkassen die Inhaber großer Praxen regelrecht verfolgten. Sie versuchten deren Abrechnungs- und Verordnungsverhalten kostenmindernd zu beeinflussen. Dazu hatten Krankenkassen eine große Zahl von Arzthelferinnen eingestellt und ließen Rezepte manuell auf Plausibilität und Vereinbarkeit mit der Diagnose prüfen. Es war das Ende der „Reiseapotheke" oder Arzneimittel für den Alltag zu Lasten der Krankenkasse.

Meine Frage: „Warum tun Sie das alles?" beantwortete der Geschäftsführer mit einem stummen Fingerzeig aus seinem Fenster im vollverglasten 4. Stock. Er deutete auf das stattliche innerstädtische Anwesen und den „500er" eines Hausarztes, direkt neben seinem AOK-Gebäude.

Damals wurde jeder vielverordnende Arzt „geprüft" und ggf. bei der Kassenärztlichen Vereinigung „zum Rapport" bestellt. Falls es für nötig erachtet wurde, und das war oft, kam der Regress. Dies bedeutete, dass er am Ende der KV die „Schadenssumme" aus seinem Einkommen zurückerstatten musste.

Gefälligkeiten für Patienten, z.B. die Haus- oder Reiseapotheke mit der Wundsalbe wieder auf einem Kassenrezept aufzufüllen wurden bestraft, wenn es keine aktuelle und passende Diagnose gab. Auf der gleichen Schiene wurde der Austausch patentfreier Medikamente durch Generika heftig eingefordert. Im Einzelfall mussten Ärzte vor Ausschüssen der KVen, beantragt von den Krankenkassen, Rede und Antwort stehen. Die meisten fürchteten dies als Tribunal und beugten sich zähneknirschend dem Wunsch der Krankenkasse.

Der Einfluss der vom Arzt hochgeschätzten Pharmaberater auf sein eigenes Verordnungsverhalten hat sich damit bereits vor mehr als 30 Jahren durch externen Druck deutlich reduziert. Gleiches gilt für die ärztliche „Therapiefreiheit" und „-hoheit". Was verordnet oder abgegeben wurde, wird mehr und mehr auf dem „politischen Parkett" entschieden.

Wie das Thema Generika heute aussieht, ist im Alltag hinlänglich sichtbar. Annähernd 80 % aller Verordnungen in Deutschland sind heute Generika (ProGenerika, http://www.progenerika.de, 2017). Bei diesen Generikaverordnungen ist der Einfluss von Ärzten und Pharmareferenten auf das verordnete Medikament tendenziell null: verordnet wird zwar noch oft ein Name (vulgo: Brand), was aber gilt, ist der INN[3].

Die Abgabeentscheidung für den Patienten und die Umsatzentscheidung für das Pharma-Unternehmen wird heute in aller Regel in der Apotheke vom Apotheker getroffen.

PHARMAREFERENT ODER PHARMABERATER: VERKÄUFER?

Als Pharmaberater bezeichnete man damals sogenannte Besitzständler: sie hatten ihren Beruf vor dem Inkrafttreten des Gesetzes bereits ausgeübt und durften dies auch weiterhin und ohne staatliche Prüfung oder Einschränkungen tun.

Der Pharmareferent und seine Aufgaben waren ab 1978 im Arzneimittelgesetz fest verankert und alle „Neuen" mussten sich diesem Gesetz und dem Ausbildungszwang unterwerfen.

Manchmal ist es gut, sich noch einmal zu vergegenwärtigen, welche Aufgaben ein Pharmaberater ursprünglich hatte. Dazu hier die einschlägigen Paragrafen aus dem Arzneimittelgesetz.

---

[3] International Non-Proprietary-Name (Freiname)

§ 75 ARZNEIMITTELGESETZ [4]

Sachkenntnis

(1) Pharmazeutische Unternehmer dürfen nur Personen, die die in Absatz 2 bezeichnete Sachkenntnis besitzen, beauftragen, hauptberuflich Angehörige von Heilberufen aufzusuchen, um diese über Arzneimittel im Sinne des § 2 Abs. 1 oder Abs. 2 Nr. 1 fachlich zu informieren (Pharmaberater). Satz 1 gilt auch für eine fernmündliche Information. Andere Personen als in Satz 1 bezeichnet dürfen eine Tätigkeit als Pharmaberater nicht ausüben.

(2) Die Sachkenntnis besitzen:

1. Apotheker oder Personen mit einem Zeugnis über eine nach abgeschlossenem Hochschulstudium der Pharmazie, der Chemie, der Biologie, der Human- oder der Veterinärmedizin abgelegte Prüfung,

2. Apothekerassistenten sowie Personen mit einer abgeschlossenen Ausbildung als technische Assistenten in der Pharmazie, der Chemie, der Biologie, der Human- oder Veterinärmedizin,

3. Pharmareferenten.

(3) Die zuständige Behörde kann eine abgelegte Prüfung oder abgeschlossene Ausbildung als ausreichend anerkennen, die einer der Ausbildungen der in Absatz 2 genannten Personen mindestens gleichwertig ist.

§ 76 PFLICHTEN

(1) Der Pharmaberater hat, soweit er Angehörige der Heilberufe über einzelne Arzneimittel fachlich informiert, die Fachinformation nach § 11a vorzulegen. Er hat Mitteilungen von Angehörigen der Heilberufe über Nebenwirkungen und

---

[4] http://www.gesetze-im-internet.de/bundesrecht/amg_1976/gesamt.pdf,
Stand: Neugefasst durch Bek. v. 12.12.2005, Zuletzt geändert durch Art. 1 V v. **2.9.2015**

Gegenanzeigen oder sonstige Risiken bei Arzneimitteln schriftlich aufzuzeichnen und dem Auftraggeber schriftlich mitzuteilen.

(2) Soweit der Pharmaberater vom pharmazeutischen Unternehmer beauftragt wird, Muster von Fertigarzneimitteln an die nach § 47 Abs. 3 berechtigten Personen abzugeben, hat er über die Empfänger von Mustern sowie über Art, Umfang und Zeitpunkt der Abgabe von Mustern Nachweise zu führen und auf Verlangen der zuständigen Behörde vorzulegen.

Pharmaberater waren demnach schon seit Beginn des offiziellen Berufsbildes Informationsvermittler zwischen einem pharmazeutischen Unternehmen und den Angehörigen der Heilberufe und sollten es heute noch sein.

Diese klare, noch dazu im Gesetz verankerte Aufgabe, entwickelte sich sehr bald in eine andere Richtung. Es wurde eines Tages Mode und danach üblich, Pharmareferenten und Pharmaberater als „Verkäufer" zu bezeichnen und Ärzte mit dem Wort „Kunde" zu belegen.

Es begann damals auch die Zeit, in der jedes Pharmaunternehmen tut, was die anderen schon machen.

DAS PHARMA-GESCHÄFTSMODELL

Wenig hat sich geändert, in den letzten 40 Jahren.

Die Pharmaindustrie findet, erfindet, produziert, vermarktet und vertreibt pharmakologisch aktive Substanzen. In den meisten Fällen sind diese Substanzen in kleinen Pappschachteln verpackt. Das haptische Erlebnis dieser Pappschachteln erinnert heute wie damals meist an den Pizzaservice mit dem Anspruch, der billigste in der Stadt zu sein.

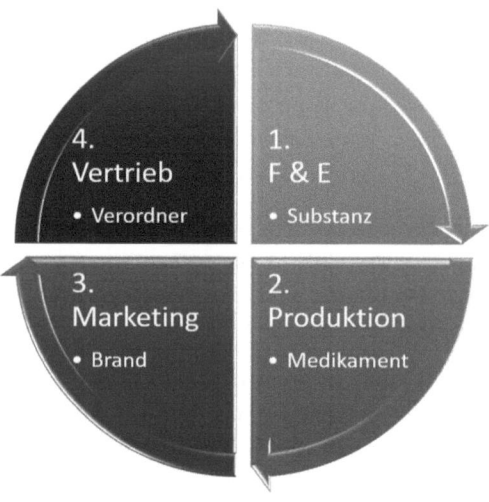

ABBILDUNG 2: DAS PHARMAGESCHÄFTSMODELL

Der optische Eindruck von Arzneimittelpackungen wird nur innerhalb eines Pharma-Unternehmens Entzückung auslösen und ist meist den Regeln des Corporate Design des jeweiligen Unternehmens geschuldet. Es könnte aber theoretisch ein Fehler sein das Aussehen von Briefpapier auf den Produkten fortzusetzen. Gute Beispiele für die gelungene Übersetzung von Wert in ein haptisches und optisches Erlebnis finden sich zuhauf in der Kosmetikindustrie.

Im Innern dieser Schachteln findet man das einzunehmende Medikament sicher verpackt, so sicher, dass es mindestens für drei Klimazonen geeignet ist. Dies spart Geld in der Produktion. Das Problem ist, dass deswegen Medikamente oftmals auch vor dem Zugriff der Patienten sicher sind.

Der Beipackzettel tut ein Übriges, um Patienten davor zu bewahren, sich mit „Chemie" zu vergiften. Die allermeisten Pharma-Unternehmen machen uns glauben, dass der Beipackzettel wertvoll und inhaltlich so sein muss, wie er ist. In der Tat gibt es aber Beispiele, dass Beipack-zettel zusätzlich so ausgestattet sein dürfen, dass sie von Patienten mindestens verstanden werden.

Der Verpackung und dem damit transportierten Wert eines Arznei-mittels ist vielleicht geschuldet, dass die Mehrzahl der Patienten die Medikamenteneinnahme vorzeitig beendet.

Selbst die WHO geht davon aus, dass 50 % aller verordneten Medi-kamente von Patienten nicht eingenommen werden und hat, gemein-sam mit der Mayo Klinik, bereits im Jahr 2003 gute Konzepte vorge-schlagen. (WHO, 2003). Solche Konzepte würden nicht nur der Phar-maindustrie den Umsatz verdoppeln, sondern auch den Financiers des Gesundheitswesens große Freude machen: die Effizienz des Gesund-heitswesens könnte deutlich steigen.

Das wichtigste Beispiel für Effizienz ist die Therapieadhärenz. Nur wenn die Patienten ihre Medikamente nehmen, kann die Pharmain-dustrie die Versprechen zur Heilung und Linderung von Krankheiten einlösen, die aus klinischen Studien abgeleitet und behauptet werden. Nur dann, macht der gesamte Aufwand des Gesundheitswesens auch Sinn. Es gibt allerdings Indikationsgebiete, in denen sich die Mehrheit der Patienten gegen die verordnete Therapie entscheiden.

Stichworte wie „Patient-Centricity" oder „Patient-Journey" könnten wertvolle Hinweise, wie eine gesündere weil effizientere Zukunft aus-sehen könnte.

Solange Umsatz und Erträge (Gewinne) weiterhin auf einem sehr zu-friedenstellenden Niveau sind, gibt es allerdings keinen wirklichen Grund oder gar Druck, das derzeitige Geschäftsmodell und seine tra-dierte Umsetzung zu verändern.

„KUNDE" ARZT

INFORMATION VS. PROMOTION

Es geschah Mitte der 80er Jahre. Die Sprache der Pharmaindustrie veränderte sich. In der Retrospektive erscheint klar, dass durch die Verwendung von Begriffen wie „Kunde" oder „Verkaufen", sich die Aufgaben für Pharmaberater oder Pharmareferenten deutlich veränderten. Es begann das, was oftmals als „race of arms" bezeichnet wird: Es wurde verkäuferisch aufgerüstet.

Aus heutiger Sicht denke ich, dass die Anwendung des Begriffes „Kunde" auf den Arzt wohl auslösendes Agens vieler Übel war. Der immer noch fortschreitende Reputationsverlust ist einer Sprache geschuldet, die angeblich aus dem Fast Moving Consumer Goods-Bereich kam. Im Gesundheitswesen waren die einschlägigen Begriffe von Anbeginn fehlerhaft, aber deren Verbreitung nicht mehr aufzuhalten.

In der sogenannten Blockbuster-Ära stiegen die Zahlen der eingestellten Pharmaberater steil an. Wie immer, war auch hier die USA an vorderster Stelle. Dort gab es zeitweise für jeden besuchbaren Arzt statistisch einen Pharmareferenten. Bei 8-10 Besuchen, die von Pharmareferenten erwartet wurden, wurde schnell klar, dass jeder Arzt etwa 8-10 Pharmareferentenbesuche pro Tag zu ertragen hatte.

Das mit dem „Ertragen" war wörtlich zu nehmen. Die Anzahl der täglichen Ärztebesucher war in deutschen Hausarztpraxen nicht geringer. Mindestens so strapaziös wie die Anzahl der Besuche für den Arzt war deren Durchführung durch den Pharmareferenten.

Pharmareferenten waren als Verkäufer geschult, in Verkaufstechniken unterwiesen, und am Ende mehrheitlich mit Verkaufsprämien bezahlt. Es war in diesen Tagen durchaus nicht ungewöhnlich, dass die variable, umsatzabhängige Bezahlung höher war, als das regelmäßig bezogene Gehalt.

Sätze wie: „Herr Doktor, wenn sie nicht mehr verordnen und neue Patienten einstellen, dann werde ich meine Prämie dieses Jahr nicht bekommen.", sind häufig gefallen. Die meisten Ärzte waren Philanthropen und entsprechend empathisch. Dies hatte zur Folge, dass Ärzte solchem Jammern von Pharmaaußendienstmitarbeitern auch noch nachgaben.

Eine wesentliche Konsequenz aus den gestiegenen Besuchszahlen und den verkäuferischen Auftritten war, dass sich die Türen von Ärzten schlossen. Zunächst gab es prohibitive Termine, meist Freitag- oder Mittwochnachmittags oder Montagmorgens um acht. Danach folgten immer mehr Hinweise und Schilder in den Praxen **„Keine Pharmavertreter".**

„Die gute alte Zeit" war endgültig vorbei.

EINZELFALL?

Ein Begriff und das dahinterliegende Verfahren hat mich ganz besonders erschreckt: der „spot-call". 2014 hatte ich das erste Mal davon gehört, dass ein Unternehmen einen Außendienst eingestellt hatte, dessen Aufgabe es war in eine Praxis zu gehen, einen oder zwei Präparatenamen in Anwesenheit des Arztes oder seiner Assistentinnen laut zu sagen und die Praxis wieder zu verlassen. Auch dieses waren ausgebildete Pharmareferentinnen.

Der spot-call sei aber bald wieder beerdigt worden, heißt es.

Zugangsbeschränkungen

Für Deutschland kenne ich zu den Zugangsbeschränkungen keine konkreten Zahlen, aber ich denke, dass sich die Zahlen in Europa nicht wesentlich von den US-amerikanischen unterscheiden sollten. Dort ist nicht einmal mehr die Hälfte aller niedergelassenen Ärzte bereit, einen Vertreter der Pharmaindustrie zu empfangen.

In einem Kreis von zwölf Vertriebsleitern deutscher Pharma-Unternehmen stellte ich im Jahr 2015 die Frage: „Wie viel Prozent der Ärzte können ihre Außenmitarbeiter nicht mehr besuchen?". Die Antworten reichten von 20 % bis 70 %.

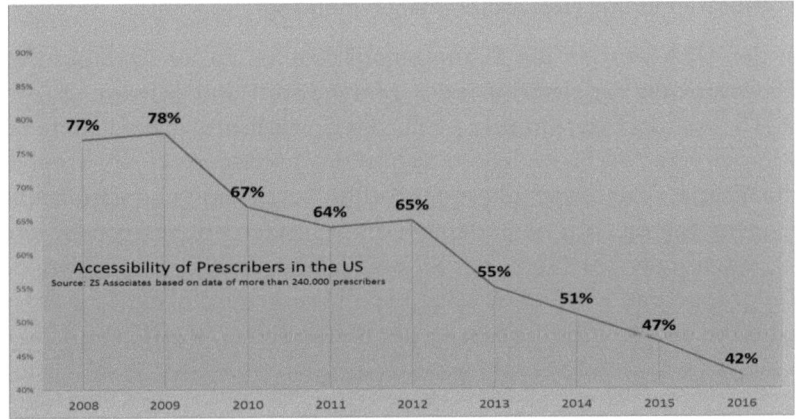

Accessibility of Prescribers in the US
Source: ZS Associates based on data of more than 240.000 prescribers

ABBILDUNG 3:
KEIN ZUTRITT MEHR FÜR PHARMA

Aus einem der größten deutschen Pharma-Unternehmen wurde mir kürzlich berichtet[5], dass, angeblich aus datenschutzrechtlichen Gründen, im CRM-System der Parameter „Arzt ist besuchbar: ja/nein" fehlt. Dies bedeutet, dass dieses Unternehmen einen zentralen blinden Fleck großer Reichweite und Auswirkung besitzt.

Aus meiner Sicht liegt die Begründung für das fehlende Datenfeld darin, dass der Außendienst und andere versuchen, den Status-quo so lange wie möglich aufrecht zu erhalten.

Wenn niemand weiß, wie viele Ärzte eigentlich noch besuchbar sind, bleiben tendenziell die Arbeitsplätze im Außendienst erhalten.

---

[5] Persönliche Mitteilung, Februar 2017

In Spezialbereichen, wie zum Beispiel der Onkologie, reichen die notwendigen Terminvereinbarungen viele Monate in die Zukunft. Deswegen wird bei Stellenausschreibungen auch immer mehr gefordert, dass ein möglicher Bewerber gute Kontakte und seine Termine bei den Fachärzten in das neue Unternehmen mitbringt.

In den USA werden die Zugangsmöglichkeiten zu Verschreibern von ZS Associates regelmäßig jedes Jahr geprüft und erfragt. 2014 / 2015 war dort der tipping point: die erreichbare Anzahl Ärzte hat sich auf unter 50 % reduziert. Spätestens seitdem stellt sich ernsthaft die Frage, was denn althergebrachte Targeting- und Segmentierungsverfahren noch an Bedeutung oder Nutzen haben können? Was ist, wenn mehr als 50 % der Ärzte für eine seriöse Festlegung der Zielgruppe und die Berechnungen von Besuchswürdigkeit, Besuchsfrequenzen und Besuchsabdeckung gar nicht mehr zur Verfügung stehen?

KUNDE: EINE DEFINITION

Heute bin ich sicher, dass die verwendete Begriffswelt einen erheblichen Einfluss auf all das hatten, was sich Produktmanager, Außendienststeuerer und Vertriebsleiter ausgedacht haben. Insbesondere gilt dies für die Begriffe rund um das Verkaufen, die Verkäufer und deren Kunden.

Wir wissen allerdings heute, dass das Wort „Kunde" unter keinen Umständen auf einen Arzt zutreffen kann. In allen mir zugänglichen Nachschlagewerken ist das Wort Kunde anders definiert, als es in der Pharmaindustrie verwendet wird. Dennoch wird es ubiquitär genutzt.

Im Bereich der Rx-Pharmaindustrie hält der Begriff *Kunde* noch nicht einmal der Definition des Duden stand. Dort steht:

> Ein Kunde ist „jemand, der [regelmäßig] eine Ware kauft oder eine Dienstleistung in Anspruch nimmt [und daher in dem Geschäft, in der Firma bekannt ist]" (Duden, 2016)

Diese Definition findet sich gleichsinnig an praktisch allen mir bekannten Stellen. Ob das betriebswirtschaftliche oder allgemeine Nachschlagewerke sind wie Gabler, oder Enzyklopädien wie Wikipedia in Deutsch und Englisch.

Der zentrale Begriff ist das Wort **kaufen** und Herleitungen wie z.B. **verkaufen**.

Ein Kunde kauft.

- Mit einem Kunden findet eine Transaktion statt.
- Es kommt zum Austausch von Ware, Dienstleitung oder Rechten gegen Geld oder einen entsprechenden Wert.

Mit Ärzten gab und gibt es aber keine Transaktion, denn Ärzte kaufen von einem Pharma-Unternehmen nichts. Der Austausch von Arzneimitteln gegen Geld fand und findet in Arztpraxen (bis auf die wenigen selbst-dispensierenden Ausnahmen und Tierärzte) nicht statt.

Wie kann dann ein Arzt Kunde der Pharmaindustrie sein?

Ein Coach berichtete mir im Jahr 2015, dass er mit einem Coachee einen Arzt besucht hatte, der sich, sofort nach dem Eintreten der beiden, auf das Energischste dagegen verwahrte von dem Unternehmen noch einmal als Kunde bezeichnet zu werden. Er hatte in den vorangegangenen Tagen ein Anschreiben von diesem Pharma-Unternehmen erhalten. Darin wurde er mit dem Wort „Sehr geehrter Kunde" angeredet. Er sei das nicht und er wird das nie sein.

Der besuchte Arzt war Hochschullehrer, galt im Unternehmen als Key Opinion Leader und wollte sich unter keinen Umständen in einen Conflict-of-interest begeben. Damit war die Briefanrede „Sehr geehrter Kunde" für diesen Arzt, obsolet. Man kann den Eindruck gewinnen, dass diese Anrede für die praktisch all verordnenden Ärzte als falsch und damit obsolet bezeichnet werden muss.

Es steht leider zu erwarten, dass sich erst mit der Veränderung des Vokabulars auch die zugrundeliegende „Denke" verändern wird, denn das verwendete Vokabular hat zentralen Einfluss auf Mentalität oder Mindset.

DER WEG VOM TARGET ZUM KUNDEN

Der unkritischen Anwendung des Wortes *Kunde* auf die externen Targets eines Pharma-Unternehmens, steht auch ein betriebswirtschaftlicher Dreisprung entgegen.

Im Zusammenhang mit der Entstehung von Kunden existiert seit vielen Jahren eine ganz spezielle Reihenfolge, die einem Prozess, einer stringenten Sequenz, gleicht:

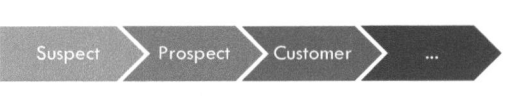

ABBILDUNG 4: SCHRITTFOLGE

Die Schrittfolge beginnt mit demjenigen Individuum, das „im Verdacht steht", ein Kunde werden zu können: **Suspect**.

In einem zweiten Schritt, wird ein Individuum zu jemandem, der (Wahrscheinlichkeit >50%) ein „Kunde werden wird" = **Prospect**.

Erst <u>nach</u> stattgefundener Transaktion, einem Austausch von Produkt, Dienstleistung oder Rechten gegen Geld oder einen Geldwert, wird aus einem Individuum ein **Kunde**.

VerkäuferInnen im Einzelhandel dürfen das anders und lockerer sehen. Ihnen ist es gerne erlaubt, alle die durch die Tür kommen, als Kunde anzusehen. Wir dürfen dabei sicher sein, dass in den Konzernzentralen von Einzelhändlern und Discountern diese Begriffe ebenso differenziert und mit Vor- und Umsicht verwendet werden. Im der ehemaligen Beispielbranche FMCG[6], findet der Begriff Kunde immer seltenere Anwendung. Es muss viel präziser unterschieden werden, ob es sich um einen Kaufentscheider, Beeinflusser, Käufer, Nutzer oder Anwender usw. handelt. Am Beispiel Windeln wird dies ganz besonders deutlich: das Baby ist sicherlich kein Kunde. Mutter oder Vater sind wahrscheinlich die Käufer. Beeinflusser können der größere oder klei-

---

[6] Fast Moving Consumer Goods – Produkte des Alltags mit hoher Kaufhäufigkeit

nere Bruder oder die Bekannten aus der Krabbelgruppe sine. Anwender sind Eltern und Großeltern und den Nutzen am Produkt hat das Baby.

So einfach ist das also mit dem „Kunden" nicht.

SPANNENDE BEGRIFFE

Andy Conrad, CEO von Verily, dem Gesundheits-Unternehmen von Google sagt: „Medizin ist Kunst und Wissenschaft". (Farr, 2016). Trotz des Aspekts der ärztlichen Kunst gibt es einen zentralen Unterschied zwischen Medizin, ihrem Anteil künstlerischer Freiheit gepaart mit Wissenschaft und den alltäglichen Sprachregelungen in der pharmazeutischen Industrie.

Wenn ein Arzt auf dieser Welt von einer Appendicitis acuta spricht, weiß jeder andere Arzt auf dieser Welt präzise, was damit gemeint und was zu tun ist.

Wenn in einem Pharma-Unternehmen jemand das Wort *Potenzial* verwendet, dann hat praktisch jeder, selbst im gleichen Unternehmen, eine andere Vorstellung davon, was das wohl sei. Es ist ebenso Interessant, Außendienstmitarbeitern zu fragen, was denn Marktanteil bedeutet und wie man ihn berechnet.

Die meisten werden wissen, dass sie nach der Höhe des Marktanteils vergütet werden. Beileibe nicht alle wissen noch, wie der Marktanteil gerechnet wird. Wenn dann jemand nachfragt: „Wie ist eigentlich ihr Markt definiert?" dann werden die Antworten endgültig „volatil", unscharf oder erscheinen frei von profunden Kenntnissen zu sein. Die spontanen Antworten erklären, warum viele betriebswirtschaftlichen Sachverhalte in der Pharmaindustrie mit ganz unterschiedlichen Bedeutungen belegt sind und oftmals praktisch bedeutungsleer sind.

Die Liste undefinierter Begriffe kann in einem Pharmaunternehmen sehr lang sein. Im Laufe meines Lebens habe ich gelernt Begriffe, die scheinbar allen bekannt zu sein scheinen, zunächst auf ihr Verständnis zu prüfen und danach gemeinsam zu definieren.

Die Klärung der Sprache und die Nachfrage nach der Bedeutung von Begriffen ist regelmäßig lohnenswert. Was ist schöner, als wenn Workshop-Teilnehmer sagen: *„Heute habe ich was gelernt!"*

BEGRIFFSDEFINITION „POTENZIAL"

Im Zusammenhang mit der Zielgruppendefinition, ist das Wort **Potenzial** einer der am weitesten verbreiteten Begriffe, die der Pharmavertrieb und das Pharmamarketing je erfunden haben und immer noch regelmäßig anwenden. Wenn man in einem Unternehmen mehr als einen Menschen fragt, was *Potenzial* eigentlich ist, wird man so viele unterschiedliche Definitionen erhalten, wie man KollegInnen gefragt hat.

Was bedeutet für Sie "Potenzial"?

- Anzahl Patienten in der Praxis
- Hochverordner
- Bedeutung für meinen Erfolg
- Einfluss und Anzahl Verordnungen
- Verordnungen meines Produktes im Vergleich zu anderen
- Möglichkeiten Business zu machen
- Anzahl behandelter Patienten
- Anzahl Patienten mit Rezept
- Möglichkeiten, meinen Umsatz zu verbessern
- Fachliche Autorität
- Entscheidung, die Verordnung zu beginnen
- Möglichkeit und Gelegenheit zu verordnen
- Hohe Anzahl Patienten
- Wahrscheinlichkeit zu verordnen
- Gelegenheit zur Verordnung
- Möglichkeit, Umsatz zu generieren
- Willen des Arztes, mit mir ins Geschäft zu kommen
- Verordnungsmöglichkeit des Arztes
- Verschreibungshäufigkeit meines Produktes
- Grad der Beeinflussung anderer Ärzte

ABBILDUNG 5:
DIFFUSE VERSTÄNDNISSE EINES ALLTAGSBEGRIFFES

Die meisten angegebenen „Bedeutungen" sind nicht objektiv oder gar berechenbar, finden trotzdem regelmäßig Eingang in Excel-Tabellen und Festlegungen.

Tipp:

Es kann ein sehr spannendes und lehrreiches *Spiel* sein, in einer Runde die Frage oder die Bitte zu äußern, den Begriff „*Potenzial*" kurz und schriftlich zu definieren. „Bitte notieren Sie Ihre Definition des Wortes Potenzial."

Wichtig ist dabei die Schriftform. Wenn man danach die geschriebene Definition vorlesen lässt und am Beamer oder dem Flipchart mitschreibt, wird man feststellen, dass es auch in diesem Unternehmen keine einheitliche Vorstellung davon gibt, was *Potenzial* ist.

Die Veröffentlichung dieser Sammlung wird erfahrungsgemäß zu größeren Irritationen führen. Wenn dann der Satz fällt: „Wir meinen ja doch alle etwas Ähnliches!", sollten sämtliche Warnlichter angehen. Im Unterschied zum vorhandenen Harmoniebedürfnis, besteht meist dringender Handlungs- und Klärungsbedarf.

Es darf und kann nicht sein, dass im gleichen Unternehmen dasselbe Wort unterschiedlich verstanden und wahrgenommen wird. Die Sammlung unterschiedlicher Verständnisse und Definitionen muss dazu führen, dass begonnen wird, interne Sprache und Begrifflichkeiten zu prüfen und zu klären. Damit alle die Ergebnisse erfahren, drängt sich die Installation eines internen Wikipedia geradezu auf.

Wie in der Schule, hat das Abschreiben auch im Unternehmen deutliche Nachteile: Wegen des Abschreibens versteht man viele Dinge nicht.

Eine rechenbare Definition für „Potenzial", mathematische Formel und verstehbare Antwort wäre z.B.:

$$\frac{Marktgröße}{Gewichtung} * \frac{Marktwachstum}{Gewichtung} = Potenzial$$

Der Grad der jeweiligen Gewichtung hängt vom formulierten Ziel und der daraus abgeleiteten Strategie ab.

Wenn *Potenzial* auf diese Art und Weise definiert wäre, dann wäre das Wort sogar weltweit gleichsinnig verwendbar. Der Begriff *Potenzial* würde das Gleiche bedeuten, ob in der Konzernzentrale ein Kontinent oder eine Ländergruppe beurteilt wird oder von einem Regionalleiter einzelne Ärzte oder Apotheken nach ihrem *Potenzial* eingeordnet werden müssen.

„*Potenzial*" hätte eine einheitliche und gleichsinnige Bedeutung für alle.

Gleichermaßen wichtig ist die unternehmensweit gleichsinnige Definition des jeweiligen Marktes und die Festlegung der Gewichtung der beiden Parameter. Markt und Gewichtung können und sollten sich bei jedem Produkt unterscheiden.

Tipp: Falls bei Ihnen nur die Marktgröße entscheidet, dann nennen sie dies auch so. Der Begriff *Potenzial* sollte dann im aktiven Sprachgebrauch entfallen. Zwei verschiedene Wörter für den gleichen Sachverhalt zu verwenden, macht keinen Sinn und wird im besten Fall für Verwirrung sorgen.

Potenzial, die unbekannte Größe, wird als eine zentrale Grundlage für die Identifizierung und Differenzierung der ganz wichtigen von weniger wichtigen Ärzten angewendet.

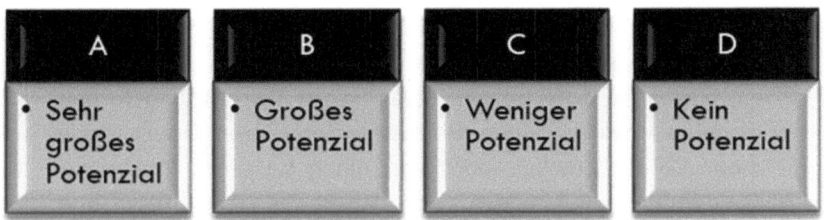

ABBILDUNG 6: KLASSIFIZIERUNG VON ÄRZTEN

WAS IST MARKT?

Die Definition von „Markt" wird ebenfalls zu Problemen führen. Das Problem hat seinen Ursprung darin, dass Brand- oder Produktmanager eines Unternehmens häufig nach dem erreichten Marktanteil bewertet oder sogar vergütet werden. Ich habe es persönlich erlebt, dass Ländergesellschaften sich ihre Marktanteile „schöngerechnet" haben, indem sie Subgruppen oder ganze Darreichungsformen aus der eigenen Marktdefinition ausgeschlossen haben. Damit war es bei gleichem Absatz deutlich einfacher, einen besseren Marktanteil als Kollegen in anderen Ländern zu erreichen. Die gelieferten Daten der jeweiligen externen Quelle waren natürlich der Kundendefinition entsprechend angepasst.

> Beispiel:
> Ein Produktmanager ist für ein orales Antirheumatikum verantwortlich. Von diesem Antirheumatikum gibt es keine anderen Darreichungsformen als das Dragee. Jetzt wird er „seinen" Markt definieren und festlegen, dass sein Markt ausschließlich aus den oralen und festen Darreichungsformen besteht.
>
> Injektionslösungen, Suppositorien oder gar topische Darreichungsformen wie Salben oder Cremes, sind von der Marktdefinition ausgenommen. Der Markt wird in Umsatz und Absatz damit deutlich geringer sein, als ursprünglich geplant. Damit ist auch sichergestellt, dass die in die Konzernzentrale gemeldeten Marktanteile im Land deutlich „hübscher" aussehen werden.

Das gleiche Verfahren bietet sich auch bei unterschiedlichen Diagnosen an. Ein Medikament der gleichen Klasse lässt sich vortrefflich an seinen wenigen Mitbewerbern mit eingeschränktem Indikationsbereich messen.

Wenn die Definition von Markt und Potenzial bereits so schwierig ist, können Sie sich unschwer vorstellen, wie gering der Einblick von Außendienstmitarbeitern in die eigenen Targeting- und Segmentierungsverfahren sein muss?

Die Begriffe kennen viele, die Assoziationen zu jedem Wort unterscheiden sich erheblich und das gleichsinnige Verständnis fehlt. Dies bedeutet, dass jedes Mal, wenn so ein Wort fällt, jeder Beteiligte über etwas Anderes spricht und an etwas Anderes denkt, als sein Büro- oder Gebietsnachbar.

Um wenigstens ihre eigenen Vorgaben umsetzen zu können, sollten Außendienstmitarbeiter in der Regel verstehen, welche Begriffswelt verwendet wird. Dann ist die Wahrscheinlichkeit der Umsetzung einer Strategie jedenfalls höher. In jedem anderen Fall sind Strategien nicht umsetzbar oder werden nicht umgesetzt.

WAS BEDEUTET EIGENTLICH LEISTUNG?

In einem umfangreichen Projekt, mit dem Ziel stimmige KPIs[7] in einem Unternehmen zu entwickeln, war die erste und größte Hürde die Definition von *Performance*, *Leistung*.

Die Definition des physikalischen Begriffs „Leistung" ist vollständig klar, weltweit einheitlich und für (fast) jeden zu verstehen. Physik ist eine Wissenschaft und wir haben gelernt, dass in der Wissenschaft Begriffe und Begrifflichkeiten in aller Regel präzise definiert sind. In den Bereichen Marketing und Vertrieb der Pharmaindustrie, trifft dies nicht zu.

Dieses Beispiel soll die unterschiedlichen Wahrnehmungen deutlich machen:

---

7 Key Performance Indikatoren – was immer *Leistung* ist.

*„Die Fußballmannschaft hat beim letzten einem Spiel eine groß-
artige Leistung gezeigt und am Ende 3:1 gewonnen."*

*„Die Fußballmannschaft hat beim letzten Spiel eine großartige
Leistung gezeigt und am Ende 2:1 verloren."*

Unabhängig davon für welchen Fußballklub man die Fan-Fahne
schwenkt, muss man konstatieren, dass in diesem Fall mit *„Leistung"*
nicht das Arbeitsergebnis gemeint sein kann. Was aber ist Leistung
dann?

Um eine lange Geschichte kurz zu machen, verhält es sich mit dem
Wort *Leistung* ähnlich wie mit dem Wort *Potenzial*. Es scheint kein ein-
heitliches Verständnis davon zu geben, was *Leistung* tatsächlich ist.

**Gibt es eine sinnhafte, rechenbare und einheitliche Definition
von Leistung?**

In meinem Berufsleben habe ich manches tragische Beispiel erlebt.

Da hält sich ein Mitarbeiter eines Pharma-Unternehmens
selbst für einen „Hochleister". Morgens der erste und abends
der letzte im Büro. Er produziert große Mengen von Folien
und Tabellen, recherchiert, sammelt und analysiert und steht
kurz vor dem Burn-out-Syndrom. Viele zusätzliche Arbeitsstun-
den und -Tage haben sich auf seinem Zeitkonto angesammelt.

Beim Jahresgespräch (sic!) erfährt er dann von seinem Chef,
dass die vielen Dinge, die er für seinen Vorgesetzten, die Kollegen in der Abteilung und das Unternehmen als Ganzes recherchiert, sammelt, analysiert und verteilt, eigentlich als be-
deutungslos eingeschätzt werden. Sein Aufwand und Einsatz
war weitgehend umsonst.

Gehaltserhöhung und der erwartete Bonus waren flöten. Der
Betroffene war nach diesem Schock beinahe suizidal, völlig

demotiviert und ab diesem Tag befand er sich für mehrere Jahre im Zustand der inneren Kündigung.

Auch im Außendienst, in dem ja praktisch alles gemessen wird und gemessen werden kann, gibt es ganz erhebliche Unterschiede in der Wahrnehmung von „*Leistung*".

FALLSTUDIE MIT NACHWIRKUNGEN

Der nachfolgende Text ist einer Fallstudie entnommen, bei der dreiundvierzig Führungskräften des gleichen Unternehmens die Frage beantwortet haben, wer der Außendienstmitarbeiter mit der besseren *Performance* sei.

> Da gibt es den Außendienstmitarbeiter, der im Durchschnitt 1,8 mehr Arztbesuche pro Tag macht als im Außendienst üblich. Praktisch in jeder Arbeitswoche lädt er Ärzte zu einer Abendveranstaltung ein, die er meist auch selbst durchführt. Einige seiner Kollegen haben bereits Sorge, dass von ihm die allgemeinen „Besuchs- und andere Aktivitätszahlen versaut werden". Immer wieder leitet er E-Mails seiner Ärzte an Vorgesetzte weiter, in denen er ob seines Engagements und seiner Sachkunde gelobt wird. Sein Marktanteilsindex liegt seit acht Quartalen etwas unter 90.

> Da gibt es den Kollegen von ihm, der im Nachbargebiet arbeitet, den gleichen Chef hat, der aber die geringste tägliche Besuchszahl abliefert. Die vorgegebene Zielgruppe hält er nur zufällig ein. Bei gemeinsamen Besuchen erscheinen seine Gesprächsinhalte einfach gestrickt zu sein. Die erwartete Häufigkeit der zentralen Botschaft findet selten statt. Sein Marktanteilsindex liegt regelmäßig um oder etwas über 122.

Jeweils etwa die Hälfte der Befragten entschieden sich dafür, die eine oder andere Situation als „Hochleistung" zu bezeichnen. Für die einen war der Aufwand entscheidend, für die anderen das Ergebnis. Das

Resultat der vermeintlich so einfachen Abstimmung und Beurteilung, hat die Beteiligten erschrocken und betroffen gemacht.

Es war ein weiterer Beleg dafür, dass in fast allen Unternehmen das Wort *Leistung* nicht definiert oder wenigstens nicht einheitlich verwendet oder inhaltlich wahrgenommen wird. Praktisch jeder Beteiligte hatte eine eigene Idee, was *Leistung* in seinen Augen sei.

Wenn dann über leistungsbezogene Vergütung oder leistungsabhängig über Karriereschritte entschieden wird, muss die Zahl der Fehlgriffe und der Frustrationen hoch sein.

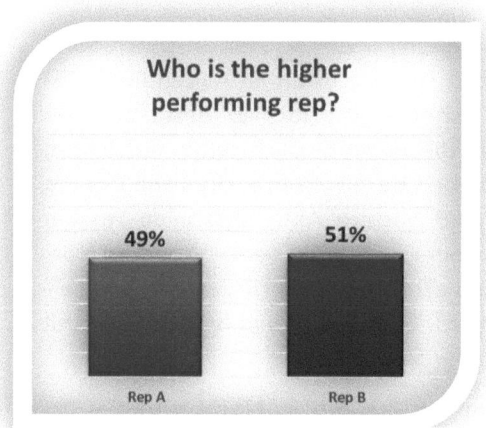

ABBILDUNG 7: WAS IST LEISTUNG?

Entsprechend unterschiedlich sind die Beurteilungen der Außendienstmitarbeiter durch ihre Vorgesetzten. Die Diskrepanz zwischen dem, was ein Vorgesetzter als „Leistung" bezeichnet und dem was sein Mitarbeiter darunter versteht, sind mehr als erheblich.

Wenn man sich Diskussion in der Regionalleiterrunde vorstellt wo jeder RL über seine Mitarbeiter berichtet, wird sehr schnell klar, dass erheblicher Handlungsbedarf bestehen muss. Es kann und darf nicht sein, dass ein Mitarbeiter von seinem Vorgesetzten im Norden als „performanter Leistungsträger" angesehen und mit Spitzenbonus bedacht wird und sobald er in den Süden wechseln würde, als Minder- oder Schlechtleister beurteilt wird.

Leistung muss in jedem Unternehmen als Begriff fest und allgemeingültig definiert sein. Jedes Unternehmen mag dabei entscheiden, welcher

Parameter in welcher Kombination und Ausprägung als *Leistung* bezeichnet werden.

Der „Aufwand" (Input) alleine kann es allerdings nicht sein, denn der heißt eben Aufwand oder Input.

Ergebnisse (Output) sind auch nicht Leistung, denn sie sind eben Ergebnis oder Output und müssen auch so benannt werden.

Des klaren Verständnisses wegen, kann es für den gleichen Sachverhalt oder Messwert nicht zwei Wörter geben.

Am Schluss kann Leistung eigentlich nur eine Kombination aus Input und Output sein. Bei einer eindeutigen, rechenhaften und allgemein bekannten Kombination aus beiden darf es auch *Leistung* geben.

Von größter Bedeutung ist, dass jeder Mitarbeiter im Büro, auf dem Korridor oder im Außendienst die identische Vorstellung von den Begriffen im Unternehmen hat. Einfach das Wort „Leistung" verwenden und nicht genau wissen, was gemeint ist, kann nur falsch sein und war es immer.

Gesprächsqualität

Als Regionalleiter war es eine meiner wichtigsten Aufgaben, mit meinen Mitarbeitern gemeinsame Besuche durchzuführen. Das große Ziel war, die Qualität der Arztgespräche verbessern zu helfen.

Jeder, der von seinem Vorgesetzten beobachtet wird, versucht all das zu tun, was er glaubt, dass es sein Vorgesetzter erwartet. Schon vor 35 Jahren war das so, weswegen ich mich als junger Chef gerne und regelmäßig an meine eigene Situation erinnert habe.

Nach kurzer Zeit im Pharmaaußendienst hatte und hat man heute den einen oder anderen professionellen Freund unter seinen Ärzten. Damals war es noch deutlich einfacher als heute seinen „Freunden" auch entsprechend entgegen zu kommen. Sie wurden bevorzugt eingeladen, sie bekamen die meisten Muster und natürlich schätzte man sich auch persönlich.

Das führte auch dazu, dass die Frage des Vorgesetzten: „Wo können wir uns zu gemeinsamen Besuchen treffen?" in aller Regel ans Telefon führte. Mindestens einen befreundeten Arzt fand man auf diese Art und Weise und konnte ihn vorwarnen. Man musste ihn vorwarnen, denn die Gespräche in Anwesenheit eines Vorgesetzten unterschieden sich doch meist ganz erheblich von einem normalen Arztgespräch.

„Hören Sie mir einfach zu und wundern sich nicht: Morgen komme ich zusammen mit meinem Chef."

Damit war sichergestellt, dass man mindestens bei diesem Arzt ein super Gespräch führen konnte, in dem sämtliche Botschaften in der entsprechenden Häufigkeit und im korrekten Wortlaut enthalten sein würden.

Damit wurde für den Vorgesetzten klar, dass die viele Mühe, die sich Regionalleiter gaben um gute Gesprächsvorschläge herzustellen, sich am Ende gelohnt hatte. Natürlich haben die erfolgreichsten Mitarbeiter die Gespräche auch genauso umgesetzt – dachten sie oder behaupteten es zumindest.

Vier Jahrzehnte später bezeichnet man den Versuch bei gemeinsamen Besuchen die Gesprächsqualität zu verbessern als Coaching. Wie viele Ärzte sich immer noch wundern „wie komisch sich der heute benimmt", entzieht sich meiner Detailkenntnis.

Eine außerordentlich wichtige Erkenntnis gewann ich allerdings während eines Projektes im Jahr 2014:

Gesprächsqualität ist unbekannt

DER ERKENNTNISGEWINN
Ein Pharmakonzern hatte seine 50 erfolgreichsten Regionalleiter aus allen Ländern zu einer Incentive-Reise in die Konzernzentrale eingeladen. Entsprechend der Größe durfte jedes Land einen bis maximal vier (USA) Regionalleiter entsenden. Die Kriterien für „the most succesful first line sales manager" füllten mehrere Seiten, waren untereinander gewichtet und eine Exceltabelle spuckte am Ende die infrage kommenden Teilnehmer nach mathematischen Regeln aus.

Nach viel Vorbereitung haben wir Folgendes mit den Regionalleitern erlebt:

Im Konzernportfolio haben wir ein junges Produkt gefunden, dass in allen Ländern seit maximal 18 Monaten im Markt war. Der Produktmanager aus den Vereinigten Staaten wurde gebeten ein Drehbuch für einen „optimalen" Arztbesuch zu schreiben. Dieses Drehbuch wurde mit einem wirklichen Außendienstmitarbeiter und einem Schauspieler als Arzt in einem 3 Minuten Video umgesetzt.

Es gab sieben Versionen, denn der Produktmanager hat an einzelnen Begriffen, dem Verhalten, den Bewegungen und der Mimik des Außenmitarbeiters immer wieder aufs Neue „geschraubt".

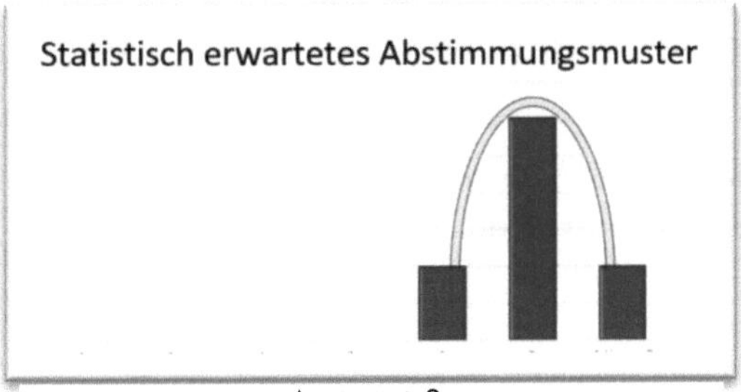

ABBILDUNG 8:
WEIL ALLE FÜR DAS GLEICHE UNTERNEHMEN ARBEITEN

Das finale Video haben wir dann den 50 anwesenden Regionalleitern gezeigt und sie gebeten, verschiedene Details dieses Arztgespräches hinsichtlich der vorhandenen Qualität zu bewerten. Die Bewertungsskala reichte von eins (schlecht) bis acht (hervorragend).

Nachdem alle Beteiligten für das gleiche Unternehmen arbeiteten, allen die Gesprächsinhalte für das gleiche Produkt in allem Detail bekannt waren, jeder den identischen Auftrag: „Verbesserung der Gesprächsqualität" hat und jeder einzelne Regionalleiter 50% seiner Zeit bei „Doppelbesuchen" zu verbringen hat, war die Erwartung hoch. Einhellig wurde erwartet, dass die in der Abbildung angedeutete Verteilung der Antworten zu finden sein müsse: 60% gleiche Einschätzung, 20% geringfügig höher und 20% geringfügig darunter. Diese 20-60-20-Verteilung würde es sein, war allen vorab klar.

Die Befragung fand online und „blind" statt.

Alle Fragen wurden nacheinander gestellt und mit einem funkgesteuerten Befragungssystem beantwortet.

Alle Antworten wurden zusammenhängend erst nach der letzten Frage präsentiert um die aktive Beeinflussung zu vermeiden.

Die Antworten waren verblüffend: sie belegten, dass Gesprächsqualität als „Unbekannte" gelten muss.

Das Muster der Antworten, war bei allen 12 gestellten Fragen gleichermaßen uneinheitlich.

Sowohl die Beteiligten als auch das Management dieses Unternehmens zeigten sich außerordentlich betroffen. Es herrschte kurzfristig Stille im Saal.

Plötzlich wurde den Beteiligten klar, dass den wichtigsten Akteuren in diesem Unternehmen der Begriff Gesprächsqualität zwar leicht über die Lippen geht, aber inhaltlich für jeden etwas Anderes bedeutet.

ABBILDUNG 9:
DAS IDENTISCHE GESPRÄCH WIRD UNTERSCHIEDLICH BEWERTET

Bisherige Bewertungsverfahren und -Muster erschienen mit einem Schlag obsolet.

Die Abwesenheit des gleichsinnigen Verständnisses von Begriffen verhindert Verständnis. Die Umsetzung von Strategie muss deswegen scheitern.

DIGITALISIERUNG

Im Jahr 1982 habe ich, als junger Regionalleiter, meinen ersten Computer gekauft. Ich erinnere mich gut, wie stolz ich war. Meine Vorge-

setzten waren beeindruckt, als ich begann, Ärzte zu Stammtischen, Abendessen und Fortbildungsveranstaltungen mit personalisierten Briefen einzuladen.

In der zu Ende gehenden Zeit der Vervielfältigung mit Matrizen und der hohen Zeit der Fotokopie, waren Ärzte zu beeindrucken, wenn sie in Anschreiben und Einladungen mit Titel und Name angesprochen wurden. Ebenfalls erinnere ich mich noch gut, dass der Computer mit $5^{1/4}$-Zoll-Laufwerken und einem Typenraddrucker annähernd so viel Geld kostete wie ein Mittelklasseauto. Der ultimative Luxus war, dass es für den Drucker verschiedene Typenräder zur Auswahl gab. Darunter gab es sogar „Proportionalschriften".

Der einfarbig grüne Bildschirm hatte ungefähr 20 cm Diagonale und den Begriff WYSIWYG[8] hatte noch niemand erfunden.

Heute hören wir das Wort Digitalisierung in praktisch jedem Zusammenhang, überall und täglich. Das Wort Digitalisierung erscheint wohl einer der wildesten Begriffe in Meetings, Publikationen, Blogs und Konferenzen zu sein.

---

[8] „What you see is what you get" Die Technik, die es z.B. erlaubt, auf einem Bildschirm das vollständige Ergebnis mit allen Formatierungen zu sehen.

Überall schwirrt Digitales herum, das auch gleich die neuesten Verfahren nach sich ziehen soll. Da soll es Pharmamanager geben, die sich in Multi- und Omnichannel wiederfinden, Social Media sind ein ganz heißer Begriff und der Tablet-PC, vulgo: iPad, sollte eigentlich den Salesfolder im Außendienst schon lange abgelöst haben.

Hat er aber nicht.

DIGITALISIERTES LEBEN

Der Alltag im 21. Jahrhundert ist praktisch vollständig digitalisiert. Das beginnt bei der schon lange digitalisierten Telefonie. Sowohl Mobilfunk als auch Festnetz sind digital. Es geht weiter bei der Discounterkasse, die natürlich direkt und digital an das Warenwirtschaftssystem angebunden ist. Die digitale Welt hat längst den „fahrenden Computer Auto" im Griff und sie macht unseren beruflichen Alltag PC-abhängig. Arbeiten ohne Smartphone und all die anderen Annehmlichkeiten moderner Technik geht schon lange nicht mehr.

Der Grad der Digitalisierung im Gesundheitswesen, lässt allerdings noch eine Menge Raum für Verbesserung. Das gilt gleichermaßen für Ärzte wie auch für Pharma-Unternehmen. In manchem Krankenhaus mutet eine Chefarztvisite heute noch an wie eine Altpapiersammlung, aber irgendwo gibt es auch im Krankenhaus Computer.

Der Chefarzt diktiert auch im 21. Jahrhundert seine Arztbriefe noch auf Band und die „Assistentin" sitzt mit Knopf im Ohr vor dem PC und schreibt das Ganze. Dabei wird überall beklagt, dass Krankenhausärzte 30 % ihrer Arbeitszeit mit Papier und Administration verbringen. (MarburgerBund, 2017)

Ein Hinweis auf den Grad der Digitalisierung der Pharmaindustrie liefert eine Untersuchung von Kantar TNS im Jahr 2016: *„Die Digitalisierung der Chemie- und Pharmabranche erreichte 2015 mit 40 von 100 Indexpunkten einen deutlich unterdurchschnittlichen Digitalisierungsgrad. … Während in der Chemie- und Pharmabranche digitale Geräte*

(74 Prozent) und digitale Infrastrukturen (59 Prozent) für geschäftliche Zwecke intensiv genutzt werden, kommen digitale Dienste (zehn Prozent) wie Cloud-Computing, Big Data-Anwendungen oder Unified Communications kaum zum Einsatz (TNS, 2016)

Wenn die Befragten gewusst hätten, dass Veeva et al. meist Cloud-Anwendungen sind, wäre die Statistik besser ausgefallen. Gut wäre es immer noch nicht denn TNS war auf der Suche nach „umsatzträchtigen digitalen Angeboten".

Oft wird „Digitalisierung" noch als „digitales Marketing" verstanden. E-Mail Kampagnen, Hybrid-Außendienste mit Video-Konferenzen oder coliquio-Projekte sind digital. Stimmt!

Ob damit allerdings *Digitalisierung* gemeint sein kann?

Die Ergebnisse der Befragung von TNS Infratest (s. Grafik) zur Bekanntheit „digitaler" Begriffe aus dem Januar 2016 weisen auf er-

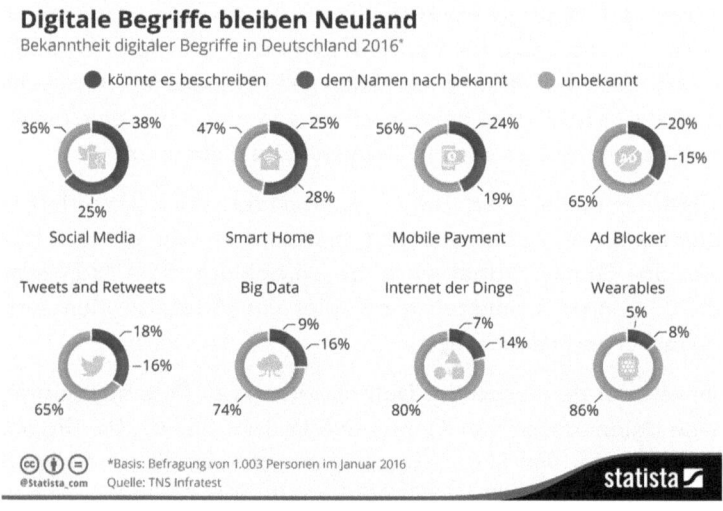

ABBILDUNG 11:
DER DIGITALE OFFENBARUNGSEID?

heblichen Nachholbedarf hin. Es ist anzunehmen, dass Werte und Aussagen innerhalb der Pharmabranche denen der Normalbevölkerung entsprechen.

„Wie schätzt Du denn Wissen und Kenntnisse zu diesen Infratest-Fragen in der Pharmaindustrie ein?" war die Frage an einen Freund und Mitarbeiter eines der größten Dienstleistungsunternehmen für die Pharmaindustrie. Er arbeitet dort seit Jahrzehnten und kennt die Großunternehmen in Deutschland und die handelnden Personen seit Langem.

Seine Antwort war:

„DA ICH MEINE PAPPENHEIMER BEI BIG PHARMA KENNE, WAGE ICH DIE BEHAUPTUNG, DASS DIE SICH NICHT EINEN MM VOM DURCHSCHNITT DER DEUTSCHEN [S.O.] UNTERSCHEIDEN."

Addendum zur Digitalisierung

Vielleicht hilft diese Darstellung bei der Einordnung der aktuellen, eigenen Situation und zeigt Tendenzen für die nächsten Schritte auf?

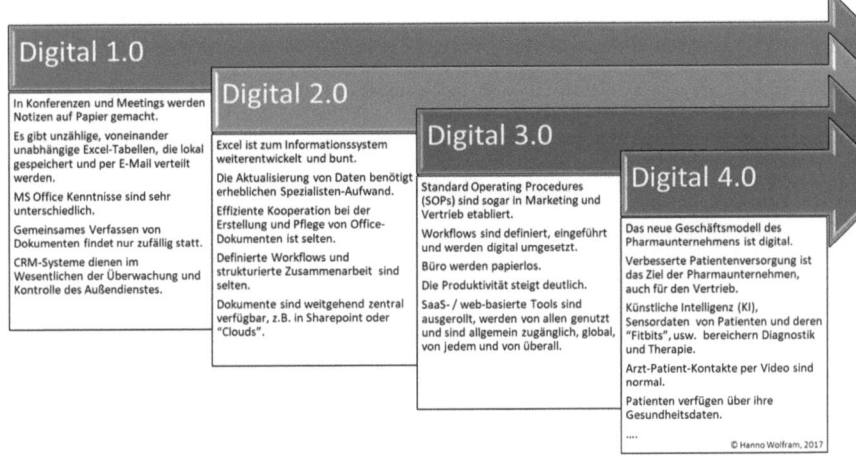

Je mehr Prozesse digitalisiert sind, desto mehr Zeit ist frei für sinnstiftende, intellektuell anspruchsvolle und gestaltende Aufgaben.

Bei jedem Schritt aufwärts auf der digitalen Leiter wird man feststellen: „Digitalisierung beißt nicht, sie macht uns nur besser".

Digitale Geschäftsmodelle sind aber wahrscheinlich nicht das Ding von Pharma, sondern werden eher von Disruptoren auf den Weg gebracht.

Die Anstrengungen von vermögenden Unternehmen wie Verily[9] und Apple, die auch über die nötigen Köpfe verfügen, sind hoch. Sie könnten eines Tages die Pharmaindustrie zu austauschbaren Zulieferern degradieren, denn auch PayPal wurde nicht von einer Bank, Uber nicht von einem Taxi- oder Automobilunternehmen und AirBnB nicht von einer Hotelkette gegründet.

---

[9] https://verily.com/ Life-Science Tochter von Alphabet, dem Mutterkonzern von Google.

ZWISCHENFAZIT:

- Zentrale Begriffe in den Vertriebsbereichen von Pharma-Unternehmen sind in ihrer Bedeutung unklar.
- Viele Begriffe sind nicht definiert, werden aber praktisch jeden Tag von vielen Menschen genutzt und sind dabei mit einer unterschiedlichen Bedeutung ausgestattet.
- Die Befunde rund um unklare, undefinierte Begriffe sind seit Jahrzehnten gleich.
- Es scheint so zu sein, dass der Alltag keine Zeit lässt und nicht ausreichend Druck existiert, diese Defizite zu beheben.
- Der Begriff „Digitalisierung" scheint mehrheitlich mit digitalen Werbekanälen gleichgesetzt zu werden.

Wenn Begriffe unterschiedlich wahrgenommen werden, sind gemeinsame Ziele und die Umsetzung einer einheitlichen Strategie unmöglich.

VERKAUFEN UND VERKÄUFER

Im Vademecum für Pharmaberater (Emig, 1988) schreibt der Autor auf Seite 1 über den Pharmaberater:

*„In den 50er Jahren war er der angesehene und gerngesehene wissenschaftliche Berater, heute kann man dies nicht immer sagen. er wurde angepasst an einen Markt, der auch jetzt noch profunde Probleme der Standortbestimmung hat. Und dennoch: Der Pharmaberater ist **Verkäufer**, er ist*

- *hochqualifizierte Fachkraft*
- *der personale Mittler zwischen Arzt – Pharma – Patient."*

Das mit dem „Verkäufer" begann Anfang der 80-er Jahre. Für den Pharmaaußendienst wurden plötzlich überall „Verkäufer" gesucht. Irgendjemand hatte die These aufgebracht, dass „Verkaufen" beim Arztbesuch mehr bringt, als den Arzt im Alltag der Therapie zu helfen, ihn zu „beraten". In der bis dahin *ethischen* Pharmaindustrie gab es keine wirkliche Marketing- oder Vertriebs-Erfahrung. Also wurde abgeschrieben:

Pharma schrieb wahrscheinlich von einem anderen, warum nicht vom Versicherungsvertrieb ab und danach kopierte ein Pharmaunternehmen das andere. Letzteres, das Kopieren, ist heute noch üblich und wird oft mit sinnfreien Begriffen wie „best practices" oder „Benchmark" umschrieben.

Seither tut jedes Pharma-Unternehmen, was alle anderen bereits machen.

DIE GESETZLICHEN AUFGABEN DES PHARMABERATERS

Im Jahr 2006 stand ein bemerkenswerter Satz im *Eckpunktepapier der Bundesregierung* (Gesundheitsministerium, 29.6.2006 - 12:00) zur Rolle des Pharmaberaters.

Mit dem Titel *Schutz der Arzneiverordnungsdaten* stand unter „Handlungsbedarf":

> *„Nach dem Arzneimittelgesetz ist es also Aufgabe des Außendienstes, die Ärzte "fachlich zu informieren". (§ 75 Abs. 1 AMG).*
>
> *Die Pharmaunternehmen bezahlen ihre Pharmaberater nach Maßgabe der Verordnungen der von ihnen beratenen Ärzte.*
>
> *Damit steht ganz klar nicht die Information, sondern die Absatzförderung im Vordergrund, was vom Arzneimittelgesetz nicht gedeckt ist. Diese Praktiken unterlaufen auch die legitimen Steuerungsaufgaben der gemeinsamen Selbstverwaltung."* [10] *Dieser Missbrauch der Pharmaberater zur Verordnungssteuerung der Ärzte wird möglich, weil die Industrie über Großhandels- und Apotheken-Umsatzdaten verfügt, die auf einzelne Vertragsärzte beziehbar sind."*

Selten habe ich eine so eindeutige und harte Stellungnahme eines Ministeriums gesehen. Wie so oft dienten die Anmerkungen des Gesetzgebers der Pharmaindustrie und ihren Beratern allerdings lediglich als Aufruf kreative Umgehungsmöglichkeiten zu finden.

Der Anlass für die Anmerkungen im Eckpunktepapier war die sehr hohe Datengranularität die es erlaubte in kleinräumigen Analysen festzustellen, welche Ärzte welche Medikamente und wieviel davon in einem definierten Zeitraum verordneten. Die Analysen wurden so gestaltet, dass nur noch ein Rest an Datenschutz vorhanden war: Es war

---

[10] *Eckpunkte zu einer Gesundheitsreform 2006, BMG; 29.6.2006, 12:00*

aus den Zahlen nicht direkt möglich, die Rezepte einzelner Ärzte oder den Umsatz einzelner Apotheken zu identifizieren.

Dennoch wusste jeder Pharmaberater, welcher der z.B. fünf Ärzte in dem „Minibrick" denn derjenige war, der den Löwenanteil verordnete. Fortbildungen für Pharmaberater und deren Vorgesetzte beinhalteten in diesen Tagen immer auch Hinweise auf das sog. Pareto'sche Gesetz, nach dem 20% der Ärzte 80% des Umsatzes machen.

Je nach Gusto, Einsicht, Herkunft oder „Dienstgrad" wurde dann in Teammeetings und Einzelgesprächen darum gestritten, ob es mehr Sinn macht den „Hochverordner" häufiger zu besuchen oder doch besser denjenigen Arzt, der noch „Luft nach oben hatte" und weiterhin dem Konkurrenzpräparat den Vorzug gab. Mindestens monatlich wurden Führungskräfte und Pharmareferenten mit diesen Zahlen konfrontiert. Das Ziel war immer gleich: es sollte mehr Umsatz werden.

Gut erinnere ich mich an die ersten IMS-Zahlen. Sie wurden auf randperforiertem Endlospapier gedruckt. Die Pakete wogen schwer und kamen monatlich.

Meine Aufgabe als Regionalleiter war, diese Zahlen mit dem gelben Markierstift in der Hand anzuschauen, eigene Interpretationen herzustellen und daraufhin mit jedem Mitarbeiter zu besprechen.

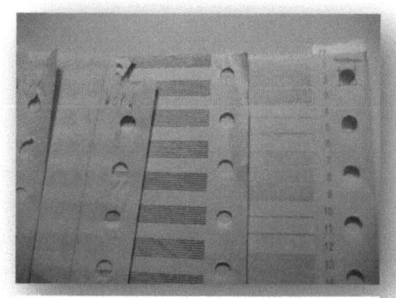

ABBILDUNG 12: ENDLOSPAPIER, FÜR DIE, DIE DAS NOCH NIE GESEHEN HABEN.

Es galt Geografien herauszufinden, von denen man gemeinsam glaubte, dass dort mehr Umsatz stattfinden könne. Genauso wichtig war es aber auch die Plätze zu identifizieren und aufzuzeigen, an denen der Außendienst besonders erfolgreich war.

Die Gleichung war einfach: viel Umsatz = viel Erfolg.

Pharmareferenten wurden immer mehr und häufiger an Umsatzzahlen gemessen und bewertet. Die Umsatzzahlen entschieden über das Einkommen und die daraus resultierende Reputation innerhalb und außerhalb des Unternehmens. So wurden zum Beispiel Stellenbewerber grundsätzlich nach den einschlägigen Umsatzdaten in der letzten Zeit gefragt. Jeder wollte natürlich nur die Besten = Umsatzstärksten einstellen.

Es war dabei unerheblich, warum manche Regionen derart erfolgreich waren. Trotz vieler Schwüre der Datenlieferanten, dass alle eklatanten Ausreißer bereinigt waren, wussten viele Außendienstler genau, welche Apotheker oder welches Krankenhaus die Erfolg bringenden Mengen an Arzneimitteln einkaufte. Häufig wurden Arzneimittel" verschoben" und dabei der Geographie zugeordnet, in der der kaufmännisch besonders geschickte Apotheker niedergelassen war. Dass sogar vakante Gebiete sich oftmals besser entwickeln als besetzte, beschert bis heute Außendiensten und Betriebsräten heftige Diskussionen.

Umsatz als Außendienst-Ziel

Die Festlegungen von Umsatzzielen wurden und werden(?) seit 40 Jahren in aller Regel von oben nach unten getroffen. Von oben nach unten bedeutet, dass in der Konzernzentrale der nötige Umsatz für das kommende Jahr festgelegt und dann auf Regionen, Länder, Gebiete und am Ende den jeweiligen Außendienstmitarbeiter verteilt wurde.

Gelegentlich wurden Manager sogar von unten nach oben, bottom-up, nach ihren Umsatzplänen und -Vorschlägen gefragt und reichten diese meist vorsichtig optimistischen Vorschläge ein. Das half aber meist auch nicht, um „annehmbare" Umsatzziele zu erreichen: sie wurden in der Zentrale mit einem Faktor beaufschlagt. Dieser individuelle Faktor sorgte dann dafür, dass die erwarteten Umsätze in Summe dem Topmanagement gefielen.

Umsatzziele waren in aller Regel von unternehmenspolitischen Wünschen, manchmal Träumen und im schlimmsten Fall von dem „Siegeswillen" des neuen CEO abhängig. Mit der Realität hatten solche Ziele eher weniger zu tun. Ob das selbst gesteckte Ziel sich in der Zentrale um 20 oder 30 Prozent erhöhte, war nicht wirklich von Bedeutung. Dass aber Stunden und Tage mit Diskussionen wie auf einem asiatischen Basar und langwierige Verhandlungen umsonst waren, frustrierte auf jeden Fall.

Es waren goldene Zeiten, in den frühen 80er-Jahren, als das Verkaufen von Arzneimitteln an Ärzte erfunden wurde. Es gab nur eine Richtung des Umsatzes: er wurde jedes Jahr mehr. Es waren die Jahre der Blockbuster. Das erwartete und erreichte Umsatzwachstum war in den meisten Fällen zweistellig.

Deutschland war der größte Markt in Europa, also musste hier der meiste Umsatzzuwachs herkommen. Die Möglichkeiten der freien Preisbildung machten das Ganze noch einfacher.

Die Parameter bei der „Zuteilung" der erwarteten Umsatzsteigerung zu einzelnen Außendienstgebieten waren vielfältig. Manches Mal war es der „Nasenfaktor" oder der Erfolg der Vergangenheit. Eine Logik war: je mehr eine Einheit bisher erreicht hatte, desto mehr kann sie auch in Zukunft erreichen. „Euch traue ich das zu!" war der dazugehörige Satz beim Jahresgespräch mit den Abgesandten aus der Konzernzentrale.

Es gab die Verteilung auch als mathematische Aufgabe. Nach den Ländern Europas, wurden Deutschlands Gebiete nach ihrem Potenzial (meist die Marktgröße plus eine Wachstumsannahme) sortiert. Wer oben stand, musste den größten Wachstumsbatzen tragen.

Nachdem Gebiets- oder Regionalleiter mit den Daten konfrontiert waren und sich erwartungsgemäß erschrocken hatten, ging es los: das alljährliche Ritual. Irgendwann zwischen September und November stoppte dies den Alltag und es wurden Argumente ersonnen, wie man seine Ziele am besten und glaubwürdigsten nach unten korrigieren kann. Gelegentlich wurde dieses Ritual auch dazu verwendet, um jetzt bereits die Schuld am Nicht-Erreichen anderer, am einfachsten der Politik, anzulasten.

Politiker galten der Pharmaindustrie gegenüber als boshaft, missgünstig und taten alles, um der Pharmaindustrie das Leben zu erschweren. „Ganz besonders gilt dies für Deutschland!" hörte man immer wieder.

Viele SWOT-Analysen[11] wurden im Herbst aus Rechtfertigungsgründen erstellt. Deren Eintragungen bei den Buchstaben „S" wie Schwäche und „T" für Threat wie Bedrohung wurden akribisch dokumentiert. So war das kommende Jahr regelmäßig unberechenbarer und natürlich viel schwieriger, als das aktuelle. Die etablierte und normale Annahme war: „Die in der Zentrale haben sowieso keine Ahnung von unserem Markt und seinen Problemen."

In einem nächsten Schritt haben die Beteiligten ihre eigenen Anteile an den Umsatzzielen festgelegt. Es ging zu, wie auf einem orientalischen Basar. Derjenige, der im Jahr die höchsten Zuwächse erreicht hatte wurde verurteilt, diese auch im Folgejahr beizutragen. Derjenige der im aktuellen Jahr seine Ziele nicht oder wiederum nicht erreicht hatte wurde auch im kommenden Jahr tendenziell geschont. Wenn er oder sie wider Erwarten doch mit besonders hohen Zielen „ausgestattet" wurde, war klar: das Beschäftigungsverhältnis nähert sich dem Ende. Wenn schon nicht wegen „Schlechtleistung", dann doch wenigstens wegen Spesenbetrugs. Das Ende war meist kurz, selten schmerzlos.

Diese Verfahren führten zu interessanten Lernkurven.

---

[11] Stärken-Schwächen Analyse; „Strenghts, Weaknesses, Opportunities, Threats". Strategietool.

Nur in Ausnahmefällen hat irgendjemand im jeweils aktuellen Jahr versucht, mehr zu erreichen, als unbedingt notwendig war. Notwendig bedeutete: „Der Bonus kommt." Die gelegentlich vorkommenden „uncapped bonus"-Systeme, deren Auszahlungssumme unbegrenzt war, bewegten nur wenige zu heroischem Tun. Als „systemimmanente Rache" wurde nämlich das jeweils nächste Jahr erkannt. Die Logik der Zielsetzung hätte im nächsten Jahr das Erreichen eines Bonus wesentlich erschwert.

Später, als Personalleiter habe ich es mehrfach erlebt, dass altgediente Mitarbeiter sich selbst anklagten, spätestens im Herbst mit ihren Aktivitäten geendet zu haben. Aufträge von Apotheken wurden vom OTC-Außendienst zurückgehalten und „gebunkert". Sie wollten nicht erfolgreicher sein als nötig. Der Außendienst hätte deutlich mehr erreichen können. Die „gebunkerten Aufträge" wurden dann zu Beginn des Folgejahres, aber nicht zu früh, in die Zentrale geschickt. Damit war ein gutes Fundament für das neue Jahr gelegt und der zusätzliche Aufwand, das nach unten verhandelte Umsatzziel zu erreichen, hielt sich in Grenzen.

Die Summe von Bonuszahlungen und deren Anteil am Jahreseinkommen waren erheblich, denn damals hieß eine Devise": „Wir brauchen Leute, die hungrig sind!" Zentrales Ziel der Pharma-Unternehmen war, Umsatz und Absatz so schnell wie möglich nach oben zu treiben. Wenn dabei auch das Menschenbild etwas einseitig oder seltsam wurde, hat man das „billigend in Kauf genommen."

Stichwort „Blockbuster"

Der Begriff Blockbuster kommt ursprünglich aus dem letzten Weltkrieg (Wikipedia, 2016). Es waren damit Bomben gemeint, die in der Lage waren einen ganzen Block auf einmal zu zerstören. Später wurde der Begriff in der Filmindustrie verwendet und bedeutete „Straßenfeger". Gemeint waren damit Filme, die ein großes Publikum anzogen.

Wenn die Pharmaindustrie von einem Blockbuster spricht, dann bedeutet dies so viel wie „Kassenschlager". In den Zeiten der ersten

Blockbuster, waren das Medikamente, die eine Umsatzgrößenordnung von 1 Milliarde DM, später Euro pro Jahr überschritten.

Die Rennlisten

"Der Vergleich zwischen den KollegInnen spornt uns an."

n = 159 Außendienstler des gleichen Unternehmens

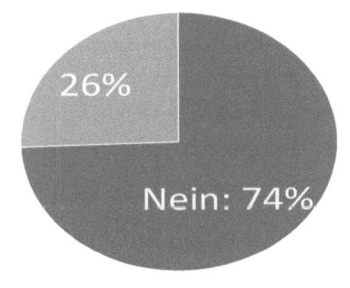

26%

Nein: 74%

ABBILDUNG 13:
EIGENE BEFRAGUNGSDATEN IN EINEM
„BONUS-PROJEKT"

Kein anderes Thema hat die Außendienste der Pharmaindustrie jemals mehr frustriert, mehr Arbeitszeit verschwendet und mehr Kapazitäten in einem Unternehmen gebunden, als die monatlichen Umsatzzahlen. Ganz schlimm wurde es, mit den daraus berechneten und in vielen Unternehmen veröffentlichten „Rennlisten".

Es soll heute noch immer Vorgesetzte geben, die glauben, dass solche Zahlen und deren Ranglisten anspornen oder gar *motivierend* seien.

Sobald man den Nutzen der Daten, deren Verarbeitung, Anpassung und Verwendung in Bonussystemen mit dem nötigen Aufwand und vor allem den Kosten in Beziehung setzt, wird die Frage nach der Sinnhaftigkeit vieler Verfahren und deren Details zwingend. In großen Pharma-Unternehmen, mit entsprechenden Außendiensten, wurden mehrere Arbeitsplätze (FTEs) nur dazu geschaffen, um Daten auszuwerten und Umsatzerfolge zuzuordnen. Man darf nicht verschweigen, in welchem Umfang Betriebsräte und Vertrauensleute sich mit mathematischen Formeln, Ab-und Aufrundungen und regelmäßig erneuerten Sicherheitsnetzen für weniger erfolgreiche Außendienstler befassen mussten. Vertragswerke zwischen der Unternehmensleitung und dem Betriebsrat banden riesige Ressourcen.

Die betriebliche Mitbestimmung führte in den meisten Fällen dazu, dass alle Außendienstmitarbeiter eine Bonuszahlung erhielten und niemand vollständig ausgeschlossen wurde.

Sicher hat es eine große Anzahl von Außendienststeuerern gegeben, die Stein und Bein auf die Wirkung dieser Zahlen geschworen haben. Es bleibt allerdings offen, inwieweit Außendienstler der Außendienststeuerung gefolgt sind?

Was mich in diesem Zusammenhang am meisten und sehr regelmäßig irritierte war der Hinweis, dass „Vakanzen", vorübergehend nicht-besetzte Außendienstregionen, meist positive Ergebnisse produzierten. „Das kommt, weil die Muster fehlen." war ein häufiger Erklärungsversuch. In aller Regel wurde Vakanzen aus den Berechnungen entfernt.

Der US-amerikanische Forscher und Businessguru Dan Pink (Dan Pink, 2009) äußert regelmäßig seine klare Meinung zu diesem Thema:

"If you look at the science, there is a mismatch between what science knows and what business does. And what's alarming here is that our business operating system - think of the set of assumptions and protocols beneath our businesses, how we motivate people, how we apply our human resources -- it's built entirely around these extrinsic motivators, around carrots and sticks."

"Wenn man sich die Wissenschaft betrachtet, gibt es einen Widerspruch zwischen dem was die Wissenschaft weiß und dem, was das Business tut. Und was dabei alarmierend ist, wie das Geschäft funktioniert. Denken Sie an die vielen Annahmen und Abläufe innerhalb unserer Unternehmen, wie wir Menschen motivieren, wie wir unsere Mitarbeiter einsetzen: alles ist um diese extrinsischen Motivatoren herum gebaut, um Zuckerbrot und Peitsche."

ZIELE UND IHRE VEREINBARUNG

Der Vater der „Zielvereinbarung" ist Peter F. Drucker (*1909, ✝2005). Er wird als größter Management-Lehrer des 20. Jahrhunderts und Vater des modernen Managements bezeichnet. Das von ihm beschriebene Management by Objective gilt nach wie vor. Es wird in allen Unternehmen praktiziert. Vor allem im Außendienst fällt allerdings auf, dass Unternehmenskennzahlen als Ziele verwendet werden.

Umsatz ist eine Unternehmenskennzahl, mit der man unter anderem planen kann.

Im Sinne von Peter F. Drucker, ist „Umsatz" kein sachgerechtes Ziel im Zusammenhang mit dem „management by objectives". Das gilt vor allem deswegen, weil das Entstehen von Umsatz nur mittelbar in der Hand eines Außendienstmitarbeiters liegt. Wenn ein Arzt das Medikament eben nicht verordnet, die erwartete Kundenfrequenz in der Apotheke nicht eintrifft oder ein Kunde die Unterschrift unter den Vertrag nicht leistet, hat ein Mitarbeiter im Außendienst keinen unmittelbaren Einfluss auf das Erreichen und die Herstellung von „Umsatz".

Ein Ziel wie „Umsatz" liegt außerhalb der eigenen Reichweite.

Ziele im Sinne von Peter F. Drucker, bedürfen grundsätzlich des eigenen und unmittelbaren Einflusses. Ziele müssen von einem Mitarbeiter beeinflussbar sein, nur dann ist der Grad der Zielerreichung einem Kollegen unmittelbar zuzuordnen und von diesem zu „verantworten". So sind zum Beispiel Verhaltens- oder quantitative Ziele, wie z.B. die „Anzahl Besuche", eindeutig zuzuordnen und von einem Mitarbeiter unmittelbar beeinflussbar.

Bei „Umsatz" als Ziel, verhält sich das grundsätzlich anders:

> *„Umsatz" oder „Absatz" ist eine Resultante von Bemühungen,*
> *kein unmittelbar beeinflussbares Ziel.*

Es ist unstrittig, dass „Umsatz" zur Führung eines Unternehmens und vor allem der Investitionsplanung einer der wichtigsten Parameter ist. Als Planzahl ist *Umsatz* nicht ersetzbar. *Umsatz* taugt deswegen aber noch lange nicht als Ziel für die Führung von Mitarbeitern im Außendienst.

„The folly of stretched goals" (Markovitz, 2013)
Der Blödsinn „gestreckter" Ziele

Daniel Markovitz hat sich im Harvard Business Review zu diesem Thema eindeutig geäußert.

> *"Let's dispense, once and for all, with the managerial absurdity known as "stretch goals." While it's true that renowned psychologists Edwin Locke and Gary Latham described goal setting as "the most effective managerial tool available," it's also true that no less a thinker than W.E. Deming insisted that companies, "Eliminate management by objective." In my opinion, there can be no such debate over the lack of usefulness of stretch goals."*

> *Lasst uns ein für alle Mal mit der Management-Absurdität aufhören, die als „gestreckte Ziele" bezeichnet wird. Es ist wahr, dass die berühmten Psychologen Edwin Locke und Gary Letham das „Ziele setzen" als das effektivste Management Tool bezeichnet haben, das es gibt. Es ist aber genauso wahr, dass kein geringerer als der Managementvordenker W. E. Deming darauf bestand, dass in diesem Zusammenhang die Unternehmen das „management by objective" eliminieren sollen. Nach meiner Meinung kann es keine Diskussion über das völlige Fehlen jeglichen Nutzens „gestreckter Ziele" geben.*

Mit dieser Art Zielsetzung war vor einigen Jahren die Mode gemeint, dem Außendienst Ziele vorzugeben, die höher lagen als das eigentlich Erwartete. Die zugrundeliegende Arbeitshypothese lautete: Wenn ich

10% plus sage, bekomme ich vielleicht 8 %. Wenn tatsächlich nur 6% plus benötigt wird, können sich alle beteiligten Manager ihr „Krönchen putzen".

„Wir brauchen Leute die hungrig sind!" war in diesen Tagen ein oft gehörter Satz von Personalleuten und Vertriebsleitern. Sie haben große Bonus-Budgets eingesetzt und eine Menge Incentive-Agenturen mit teuren Aufträgen versorgt.

BONUS ODER INCENTIVE?

ABBILDUNG 14:
AUCH EIN MENSCHENBILD

Der Glaube der Verantwortlichen an die Zugkraft von Geld war und erscheint bis heute unerschütterlich zu sein. Mir persönlich widerstrebt bereits die zugrundeliegende Einschätzung von Mitmenschen, das damit verbundene Menschenbild. Es ist die Einschätzung, dass Menschen ticken wie ein Esel, der einer an den eigenen Kopf gebundenen Karotte unablässig und immer schneller hinterherläuft. Dass alle oder die meisten Unternehmen und Manager das so sehen, macht das vermittelte Menschenbild nicht besser.

Ein interessantes Erlebnis hatte ich in diesem Zusammenhang in einem Unternehmen, dessen Gründer und Inhaber in New York lebt. Dieses Pharma-Unternehmen hat seinen Mitarbeitern Bonus dafür bezahlt, dass sie ihr (sehr umfangreiches) Budget für Einladungen und Abendveranstaltungen vollständig ausgegeben hatten.

Wer dann auch noch beim erreichten Umsatz der Beste war, wurde nach New York eingeladen. Dort gab neben dem persönlichen Treffen mit dem Unternehmensinhaber auch Hubschrauberflüge über Manhattan und viele andere schöne Dinge. Der betroffene Mitarbeiter erzählte mir freizügig, dass er die Incentive Reise nach New York abgelehnt hatte. "Wenn ich das ganze Jahr, fast an jedem Abend eine

Veranstaltung habe, damit ich mein Budget ausgeben kann, dann bin ich froh, wenn ich Zuhause und im eigenen Bett schlafe. Ich habe dann überhaupt keinen Bock darauf, noch eine Woche nach New York zu fliegen."

Geld motiviert. Falsch!

Dan Pink ist ein berühmter Redner und Kenner der Szene, der bei seinen Vorträgen regelmäßig belegt, dass Geld eben eines nicht tut: motivieren. In mehreren Fällen beschreibt er die hinlänglich untersuchten und in der Fachliteratur auffindbaren Sachverhalte: Menschen, die von Geld getrieben werden sollen, erreichen weniger, als aus eigenem, innerem Antrieb.

> Vielleicht ist Wikipedia ein gutes Beispiel dafür, was Menschen in einer Gemeinschaft von Akteuren erreichen können, wenn es eben nicht um Geld, sondern um eigene, werthaltige und wertsteigernde Beiträge geht.

> Hunderttausende von Menschen haben ihr Wissen in der größten, umfangreichsten, aktuellsten und berühmtesten Enzyklopädie der Welt mit anderen geteilt. Dabei fehlte und fehlt bis heute jegliches individuelle, monetäre Interesse. Wenn die Forschung und Dan Pink Recht haben, dann ist Wikipedia genau deswegen so gut: es gibt keinen Bonus und kein Geld.

> Wikipedia ist ein Beispiel für ein epochales Werk, dessen Autoren vollständig intrinsisch motiviert sind.

Neben Wikipedia stehen als bedeutende Beispiele für intrinsische Motivation natürlich auch die vielen ehrenamtlichen Tätigkeiten, deren Beiträge zum BIP erheblich sind und ganz ohne Geld als „Motivator" erbracht werden.

Überall Geld

Bereits ganz am Anfang meiner Arbeitsaufnahme im Pharmaaußendienst, hatte ich mich in jugendlicher Naivität über die verschiedenen Quellen von Geld und zusätzlichem Einkommen gewundert.

Da gab es z.B. regelmäßige Tagesspesen für mehr als zwölfstündige Abwesenheit vom Wohnort. Natürlich außer mittwochs, da hatten die Praxen nur am Vormittag geöffnet. 16-mal pro Monat stand die entsprechende Summe in der Spesenabrechnung und wurde steuerfrei überwiesen. Verwendet wurde dieses Geld natürlich nicht als „Auslagenersatz", sondern es war willkommenes Zusatzeinkommen. Ich kann das deswegen heute freimütig bekennen, weil etwaige steuerrechtliche Verfehlungen verjährt sind.

Wie viele andere Kollegen hatte ich bald verstanden, dass der Neukauf eines eigenen PKW, Abschreibung, Benzin und andere Kosten bei entsprechender Kilometerleistung ebenfalls zu einem erklecklichen Nebeneinkommen führen konnten. Deswegen wurde der Firmenwagen nach kurzer Zeit zurückgegeben und jeder stieg sobald wie möglich auf das eigene Auto um. Die Kollegen, die in den Großstädten arbeiteten, nutzten gelegentlich die Straßenbahn. Die Kilometerleistung des Firmenwagens wurde damit nicht wirklich reduziert, denn diese Kilometer wurden oftmals am Wochenende mit der Familie verbracht oder verbraucht.

Wie bereits erwähnt waren wir damals medizinisch und therapeutisch topfit, gern gesehene Besucher unserer Ärzte und haben Ihnen im Praxisalltag eine Menge geholfen. Was für ein Gefühl! Mit dem Gefühl mit Ärzten auf Augenhöhe zu sein, waren viele hochmotiviert und hatten entsprechend Befriedigung und Freude an ihrem Beruf.

Mein erster Bonus

Es muss zu Beginn des Jahres 1977 gewesen sein, als ich meinen ersten Bonusbrief erhielt. Selbstverständlich war der Brief personalisiert und von meinem damaligen Chef und der Personalabteilung handschriftlich unterschrieben. Beides Dinge, die selten waren und ihre Wirkung nicht verfehlten. Was mich als Erstes bewegte, war die Frage: „Glauben die, dass ich nicht für mein Gehalt arbeite, sondern eine extra Bezahlung brauche, um etwas erreichen zu wollen?"

Im Grundsatz war ich beleidigt, ein wenig empört und auf jeden Fall verstört. Die eigentliche und normale Aufgabe des Pharmareferenten-Alltags, die für mich mit meinem Gehalt entlohnt wurde, wurde ein zweites Mal vergütet. Seltsam!

Als ich vier Jahre später Regionalleiter wurde, habe ich sehr schnell lernen müssen, wie viel Zeit und Energie mit den ewigen Diskussionen rund um die Boni verschwendet wurden. Fragen wie Umsatzzahlen zustande gekommen oder von wem sie, natürlich zu unseren Ungunsten, gefälscht oder verändert worden waren, beschäftigten uns tagelang. Die vermuteten Fälschungen wurden damals als „Hochrechnungsfehler von IMS" bezeichnet.

Dies alles nur wegen des Bonus, der bei wenigen wenig Gutes bewegt hat, aber immer Gesprächsthema, Zeitfresser und Demotivator war.

Wie viel einfacher haben es da die großen Automobilunternehmen dieser Welt? Sie legen am Jahresende fest, wie viel vom Gewinn sie an ihre Mitarbeiter weitergeben möchten. Das Kriterium ist der gemeinsam erkämpfte Konzerngewinn und nicht was ein Individuum für sich persönlich erreicht haben mag. Im Jahr 2016 hat z.B. Mercedes seinen 135.000 Mitarbeitern eine Ergebnisbeteiligung von jeweils 5.650 Euro überwiesen.

Ob dies den Zusammenhalt und das gemeinsame Streben nach einem gemeinsamen Ergebnis für den Gesamtkonzern wohl fördert? Ich denke schon!

Auf jeden Fall gibt es während des Jahres nicht ganze Abteilungen, die sich mit der Interpretation von Daten zum Zwecke von Bonuszahlungen auseinandersetzen müssen. Es gibt auch keine regelmäßigen Auseinandersetzungen mit Betriebsräten, wer was wofür und wieviel bekommt. Es gibt auch keinen Streit über die Abgrenzung der Bonusbeteiligten. Alle sind am Ergebnis beteiligt.

Vielleicht ist dieses Verfahren dem gemeinsamen Streben nach Unternehmenserfolg deutlich förderlicher als individuelle Prämienzahlungen.

Ein prägendes Erlebnis

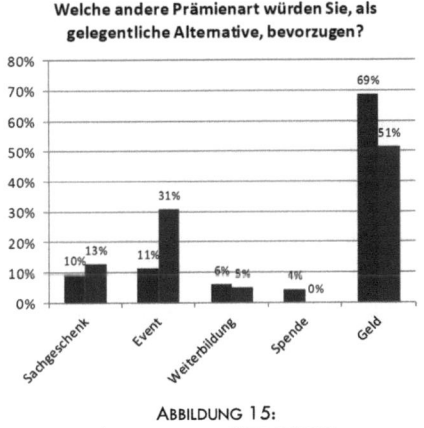

Welche andere Prämienart würden Sie, als gelegentliche Alternative, bevorzugen?

ABBILDUNG 15:
ALTERNATIVEN ZU GELDPRÄMIEN

Im Rahmen eines Beratungsprojektes bei einem großen Pharma-Unternehmen im Jahre 2015, haben wir die Mitarbeiter zweier Außendienste dieses Unternehmens befragt. Ziel der Befragung war es, einen Überblick zu erhalten, wie dort Alltags-Aspekte wahrgenommen wurden.

Eine der Fragestellungen ist in der Grafik enthalten. Sie sollte Aufschluss darüber geben, ob die Mitarbeiterschaft der beiden Außendienste ggf. andere Arten von Prämienleistungen in Betracht ziehen würden.

Im einen Außendienst waren 49% dafür, Prämien anders auszuschütten, in der zweiten Linie waren es immerhin noch fast ein Drittel. Bei der Präsentation dieser Folie sagte einer der Linienleiter: „Das ist mir egal, was die angekreuzt haben. Ich kenne meine Mitarbeiter, die wollen alle nur Geld."

Dazu ein Zitat von Dan Pink (Pink, 2014), der von einer Untersuchung der London School of Economics berichtete.

> *Let's go across the pond to the London School of Economics --*
> *LSE, alma mater of 11 Nobel Laureates in economics. Training*
> *ground for great economic thinkers like George Soros, and*
> *Friedrich Hayek, and Mick Jagger. Last month, just last month,*

economists at LSE looked at 51 studies of pay-for-performance plans, inside of companies.

Here's what the economists there said: "We find that financial incentives can result in a negative impact on overall performance."

There is a mismatch between what science knows and what business does. And what worries me, as we stand here in the rubble of the economic collapse, is that too many organizations are making their decisions, their policies about talent and people, based on assumptions that are outdated, unexamined, and rooted more in folklore than in science."

Lasst uns über den großen Teich gehen zur London School of Economics. Sie ist die Alma Mater von elf Nobelpreisträgern der Ökonomie. Sie ist das Übungsfeld für große ökonomische Denker wie George Soros und Friedrich Hayek und Mick Jagger. Im letzten Monat, von nur einem Monat haben die Ökonomen an der LSE 51 Studien von leistungsbezogenen Vergütungsplänen innerhalb von Unternehmen untersucht.

Dies ist was die Ökonomen gesagt haben: „Wir haben gefunden, dass Incentives negative Auswirkung auf die Gesamtperformance haben können."

Es gibt eine Diskrepanz zwischen dem was die Wissenschaften wissen und was das Business tut. Was mich besorgt, nachdem wir hier in den Trümmern der Weltwirtschaftskrise stehen, ist dass zu viele Organisationen ihre Entscheidungen und ihre Personalpolitik auf Annahmen stützen, die veraltet und nicht untersucht sind und mehr auf Folklore als auf Wissenschaft basieren."

Der Kernsatz der aufwendigen Überprüfung von wissenschaftlichen 51 Studien zum Thema „leistungsbezogene Vergütung" war: **„Wir haben gefunden, dass finanzielle Anreize negative Auswirkungen auf die Gesamtperformance haben können."**

Weil es von großer Bedeutung ist, hier noch eine weitere Quelle, die selbst bei Kindern einen kontraproduktiven Effekt von monetären Incentives belegt:

"The Gneezy and Rustichini (2000a) study discussed above shows that offering a small monetary incentive to children who voluntarily collect money for a charity actually lowers their efforts. But often incentives do not backfire (even if they do not increase compliance by much), as in the case of pricing garbage collection by the bag as a way to encourage recycling and reduced waste (Kinnaman, 2006). Hence, we believe that the discussion should not be whether incentives negatively affect contributions to public goods, but when incentives do and do not work." (Uri Gneezy, Pedro Rey-Biel, Stephan Meier, 2011)

Dem ist nichts hinzuzufügen.

BESUCHSFREQUENZ UND ABDECKUNG

Als ich mit meinem Außendienst begann, waren diese Themen einfach. Die Besuchsfrequenz war viermal im Jahr. Wir besuchten Ärzte jedes Quartal einmal. Die Besuchsabdeckung, d.h. welche Ärzte besucht wurden, war genauso einfach: es wurden praktisch alle Haus- bzw. praktischen Ärzte besucht.

Wenn ich durch eine Stadt oder ein Dorf fuhr und eines der typischen weißen Schilder an einer Haustür sah, lag der Verdacht nahe, dass dies eine Arztpraxis war. Anhalten und nachschauen war das Mindeste.

Im Jahr 1976 lag die Größe einer normalen Außendienstlinie bei etwa 80 bis 100 Pharmareferenten für die damalige Bundesrepublik. 100 Pharmaberater waren vollständig ausreichend, um die aktiven Hausärzte viermal im Jahr zu besuchen. An Besuchsleistung pro Tag wurden ca. neun Besuche erwartet. Da mittwochs die Praxen nur vormittags geöffnet waren, wurden an diesem Tag nur 5 bis 6 Ärzte besucht. Die Besuchszahlen waren damit nicht wesentlich anders als heute. In einer Arbeitswoche wurden von Pharmareferenten ungefähr 40-45 Arztbesuche erwartet.

Etwa 20 Jahre später, kurz vor der Jahrtausendwende, lag der Umfang einer Außendienstlinie bei etwa 400 Mitarbeitern. Dies führte dazu, dass die Hausärzte mindestens viermal häufiger besucht wurden. Wenn die Zielgruppe entsprechend kleiner war, erhöhte sich damit die Besuchsfrequenz noch weiter.

Seltsam spannend wurde es Ende der 1980-er Jahre, noch vor der Wende, als die Idee mit den verschiedenen Außendienstlinien umgesetzt wurde.

Ein Weg, um die Besuchsfrequenz deutlich zu erhöhen, war neue Außendienstlinien zu eröffnen. Zu Beginn wurden unterschiedliche Titel oder Begriffe auf der Visitenkarte verwendet, damit es dem Arzt weniger auffallen möge, dass er jetzt jede Woche jemanden anders vor sich hatte, der ihm die gleiche, tolle Wirkung des neuen Blockbusters in den buntestmöglichen Farben beschreiben sollte. " Spezialaußendienst", auch Gastro- oder Facharztlinie waren die neuen Begriffe.

Die S-Kurve

Für die Prognose des Außendiensterfolgs wurde die Dosis-Wirkungs-

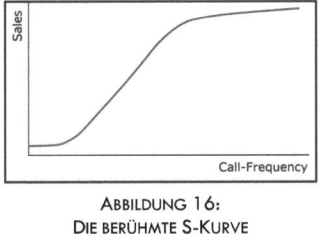

ABBILDUNG 16:
DIE BERÜHMTE S-KURVE

kurve aus der klinischen Forschung umgeschrieben und als S-Kurve eingeführt.

S-Kurve bedeutet nichts anderes, als dass man in einem Schaubild darstellen kann, wie sich eine Variable in Abhängigkeit von einer anderen Variablen entwickelt.

In den Blockbuster-Zeiten war es ziemlich einfach, über eine große Anzahl von Gebieten und Besuchen oder Kontakten festzustellen, nach wieviel Besuchen sich der erste Umsatz einstellte und wie der Umsatz eines Produktes sich im Verhältnis zur Besuchsfrequenz weiterentwickelte.

Es galt im Grundsatz die Gleichung: Je mehr Besuche pro Arzt in kürzest möglichem Abstand, je mehr Umsatz. Strittig war am Ende nur, wie viele Besuche es pro Jahr sein durften. Ich erinnere mich an die S-Kurve, bei denen der Peak-Umsatzanstieg im Bereich von 40 Besuchen pro Jahr zu sehen war.

Der wahrscheinlich heftigste Exzess war ein Pharma-Unternehmen, das in Deutschland 1.600 Außendienstmitarbeiter beschäftigte, die in acht Linien das gleiche Produkt bei den weitgehend gleichen Ärzten besprochen haben.

In der Realität des Arztes bedeutete dies, dass alle zwei bis drei Tage einer der acht Mitarbeiter dieses Unternehmens mit der gleichen Werbebotschaft, dem gleichen Produkt, aber mit der Visitenkarte einer anderen Linie oder Abteilung zu ihm ins Sprechzimmer wollte. Ziel war es, die gleiche Werbebotschaft so oft wie irgend möglich los zu werden. Wie sich im Laufe der Zeit herausstellte, war das größte Problem die Koordinierung dieser Besuche. Alle vier Tage ein Besuch war sicher gut gedacht. Da es damals aber noch keine Mobiltelefone oder gar ständigen Internetzugang gab, passierte es häufig, dass sich zwei, drei oder gar vier Kollegen des gleichen Unternehmens vor der gleichen Praxis trafen.

Was dann geschah, war meist von der Diskussion vor der Praxistür oder auf dem Parkplatz abhängig. In aller Regel hat einer den Besuch gemacht und dabei „auch für die anderen Kollegen mit gesprochen."

Die Anforderungen an die Besuchsplanung und deren korrekte Umsetzung waren jenseits der technischen Möglichkeiten, die es damals gab. Der Glaube an die Bedeutung der S-Kurve erscheint in der Rückschau eher als Denkfehler. Nicht zu leugnen aber ist, dass bis heute dieser tiefe Glaube existiert und weitreichende unternehmerische Entscheidungen an diesem wahrscheinlichen Trugbild festgemacht werden.

In der Folge wurde der Werbe- und Verordnungsdruck auf Ärzte unsäglich und unerträglich. Viele der Ärzte haben neue Produkte, die es damals im Übermaß gab, aus schierer Verzweiflung verordnet. Sie hofften, dass mit der steigenden Anzahl Verordnungen, die Besuche weniger wurden. Es war wie ein Lösegeldspiel: „Ich verordne ja mehr, dafür besuchen Sie mich weniger." Es entstand der Eindruck, dass die meisten Ärzte in ihrem tiefen inneren Philanthropen oder einfach nur höflich waren und es nicht über das Herz brachten, jammernden und klagenden Pharmareferenten Besuchsmöglichkeiten oder Verordnungen zu versagen.

Es gab ein ganz besonderes Unternehmen, dessen ausschließlich männliche Außendienstmitarbeiter, bartfrei und im dunklen Anzug, bei Ärzten auftraten. Deren zentrale Eigenschaft war Durchsetzungsstärke. Damals hieß es: „Die gehen sogar durch geschlossene Türen." Sie erläuterten dem Arzt bei fast jedem Besuch, dass er viel zu wenig ihres Produktes verordnete und *verhandelten* weitere Patienten-Einstellungen. Eine der üblichen Gleichungen in dieser Zeit war: „Für x

Patienten, die mit meinem Produkt behandelt werden, gibt es y als Belohnung." Nicht wenige Kolleginnen und Kollegen scheuten nicht davor zurück, dem Arzt ihre aktuellen IMS-Daten auf den Tisch zu legen. Sie demonstrierten damit Ärzten, dass deren Aussage: „Ich verordne ja!" nicht korrekt sein konnte. Es waren die Zeiten des: „immer mehr".

Damals hörte ich das erste Mal das Wort „Drückerkolonne" im Zusammenhang mit dem Pharma-Außendienst.

Wenn die Umsatzzahlen vermutlich nicht „stimmten" wurden sogar Belege für die Verordnungen vom Arzt verlangt. Heute (hoffentlich) unvorstellbar, gab es wirklich Ärzte, die Listen aus ihren Computern ausdruckten. Sie enthielten Namen der Patienten und die jeweiligen Verordnungen eines Medikamentes. Wenn die Zahl der Verordnungen irgendwann passte, gab es dafür eine Einladung zum nächsten Kongress oder eine Wochenendbelustigung.

Die Anzahl der erwünschten Verordnungen, die Anzahl verkaufter Packungen oder der zu erreichende Umsatz, waren die Ziele, an denen Außendienstmitarbeiter gemessen wurden. In Abhängigkeit vom Zielerreichungsgrad wurden Gehälter erhöht, Bonus bezahlt oder sogar die Sonderausstattung am Dienstwagen verbessert. Bei zu geringem Zielerreichungsgrad wurde man gemobbt, es fehlte zu Hause das Bonus-Geld und am Ende verließ man das Unternehmen.

Eine ganz besondere Facette des „immer mehr" waren die Verfahren und die Summen, mit denen Verordnungen damals erkauft wurden. Es waren die Zeiten des sogenannten „Bakschisch-Marketing".

Gut erinnere ich mich an die Einführung eines neuen Therapieprinzips zur Behandlung von Sodbrennen und Magengeschwüren. Dieses Medikament hat chirurgische Verfahren, wie z.B. Billroth II zur Behandlung rekurrierender Magengeschwüre weitgehend obsolet gemacht. Es wurde auch einer der ersten Blockbuster: mehr als 1 Mrd. Umsatz.

Im Einführungszeitraum (1979) wurden Boeing 747 „Jumbos" gechartert. Der Jumbo-Jet war der Inbegriff luxuriösen Reisens, etwa so wie heute der Airbus A380. Fliegen selbst wurde noch als deutlich exklusiver wahrgenommen als heute.

Mit solchen Jumbos wurden Ärzte nach St. Petersburg zur Einführungs-Tagung gebracht. Die Großveranstaltungen dauerten meist von Donnerstag bis Sonntag und beinhalteten alles von dem Touristen und „mittellose" Ärzte träumten. Natürlich gab es auch irgendwo Fach-Vorträge. Sie wurden von hauseigenen Referenten gehalten und erzählten die Geschichte, das von nun an die Magen-OPs nach Billroth nicht mehr nötig sei und von täglich einer Tablette ersetzt würde.

Der Gesamtaufwand und die Vorträge hatten ein einziges Ziel: eine möglichst steil ansteigende Umsatzkurve. Da der Name des Produktes entsprechend häufig genannt wurde, war die Kontaktfrequenz hoch. Das mit dem Umsatzzuwachs klappte.

Dem stand oberschwäbische Bescheidenheit gegenüber: Anstatt mit der Boeing 747 nach St. Petersburg, sind wir mit Ärzten aus Westfalen im Bus zur Werksbesichtigung gefahren. Das Ziel war: Erhöhung

ABBILDUNG 17: WERKSBESICHTIGUNG MIT ÄRZTEN

der Kontaktfrequenz und Aufbau robuster persönlicher Beziehungen. Das Ergebnis, auch in zunehmenden Verordnungen, war in Ordnung.

Die Folgen der S-Kurve

Aus heutiger Sicht hatte das hinter der S-Kurve stehende Credo „je höher die Besuchsfrequenz, umso mehr Umsatz" eine fatale Konsequenz:

Es gab Zeiten, da musste jeder besuchenswerte Hausarzt rechnerisch etwa sieben Pharmareferentenbesuche pro Tag ertragen. War zu Beginn der Besuch eines Pharmareferenten noch eine willkommene Abwechslung im Arztalltag, drehte sich die Einstellung zu Pharmareferenten und die Stimmung bei den Ärzten deutlich.

Neben der ungeheuren Zahl von um Einlass bittenden Pharmareferenten sank deren Qualität. Der „einzig lebende Kontakt eines Pharmaunternehmens zu Ärzten", wurde zum Werbemedium. Pharmareferenten waren die Werbeunterbrechungen des Arztalltags. Leider mögen wir aber im Alltag solche ungebetenen Unterbrechungen aber nicht.

Eine hohe Anzahl von Kontakten mit einem genannten Produktnamen in einer definierten Zeit, war das oberste Ziel aller Bemühungen. Der Nutzen für Ärzte tendierte gegen null. Schon Anfang der achtziger Jahre sprachen viele Marketingleute über Bedürfnisorientierung und andere wohlklingende Begriffe, aber im Moment der Außendienstplanung war alles vergessen.

Der übermäßige Besuchs- und Verordnungsdruck führte dazu, dass immer mehr Ärzte prohibitive Besuchstermine für die früher hoch geschätzten Pharmareferenten einführten. Es gab Praxen, da konnte man nur Mittwochnachmittags um 16:00 Uhr den Arzt besuchen. Gelegentlicher Vorteil: er nahm sich dann aber wirklich Zeit, da solche Termine nur von Pharmareferenten wahrgenommen wurde, die „etwas zu sagen" hatten.

Andere Ärzte legten ihre Besuchszeiten auf Freitagnachmittags oder morgens um 7:00. Dies waren aber Zeiträume, zu denen Pharmareferenten üblicherweise nicht mehr oder noch nicht unterwegs waren.

Einige Ärzte hatten eine besonders kuriose Restriktion erfunden: Der Arzt empfing Pharmareferenten nur zu einem einzigen, festen Zeitpunkt. Dies konnte zum Beispiel der Dienstag um 13:30 Uhr sein. Dann traf man sich mit 10-15 Kollegen anderer Unternehmen im Wartezimmer der gleichen Praxis.

Für die Ärzte war dieses Verfahren durchaus nicht uninteressant, denn sie konnten ihren Musterschrank füllen und hatten immer ausreichend Kugelschreiber, Schreibpapier und andere Gimmicks in der Praxis.

Für manche Pharmareferenten war das massive Treffen eher peinlich, für andere interessant. Manche konnten mit dem Arzt trefflich über die neue Verkäufergeneration lästern. Für andere war es gut zu sehen, welche und wie viele Muster und Geschenke die Konkurrenz beim Arzt hinterlassen hatte. Einige Ärzte räumten absichtlich ihren Schreibtisch nicht auf nachdem der Kollege ihn verlassen hatte, sondern sie fühlten sich hinter Bergen von Mustern, Handkarten und Abgabeartikeln offensichtlich wohl. Nur wenige Ärzte waren diskret genug zwischen den Besuchen alle diese Wohltaten zunächst zur Seite zu räumen bevor der nächste Pharmareferent mit investigativem Blick den Raum betrat.

Die Ergebnisse der Recherchen wurden im Rahmen sogenannter Wettbewerbsbeobachtungen an den Vorgesetzten gemeldet. So wusste nicht nur jedes Unternehmen von jedem Unternehmen wie viel Umsatz gemacht wurde oder wie viele Besuche stattfanden, sondern jeder wusste von jedem auch, was während des Besuches stattfand.

Es gab auch besonders nette Kollegen, die nach solchen Massenauftritten im Wartezimmer berichteten, welcher Arzt von wann bis wann im Urlaub oder welcher Arzt kürzlich verstorben war. Dies war dann von ganz besonderer Bedeutung, wenn manche Pharmareferenten nur so taten, als ob sie einen Arzt besuchten. Die Meldung eines vollzogenen Arztgesprächs mit einem kürzlich verstorbenen Arzt, war auch damals schon eine Todsünde. Manchmal fiel das sogar auf.

Die deutlich zurückgehende Dauer der Besuche war ein nicht unerwartetes Phänomen. Wenn wir uns zu Beginn meiner Tätigkeit noch 15-20 Minuten mit dem Arzt über wichtige Themen unterhielten, waren Gespräche in der Zeit der Verkäufer nach zwei oder 3 Minuten zu Ende. Die weitaus häufigste Frage der Ärzte lautete damals: „Was gibt es Neues?" In den allermeisten Fällen fiel dann der Satz: „Eigentlich nichts, unser Produkt kennen Sie ja schon, aber ...".

Dies lag daran, dass auch dem besten Produktmanagern für den siebten Besuch in drei Monaten keine neue Botschaft mehr zu seinem Produkt einfiel. Details wie die Bedeutung der Invasions- und Eliminationshalbwertszeiten für die Anfangsdosierung oder die unbotmäßige Hemmung des Cytochrom P450 bei der chronischen Einnahme, interessierten zu diesem Zeitpunkt niemanden mehr. Die Pharmaindustrie wollte verkaufen.

Zielgruppen im Pharma-Außendienst.

Der Begriff Zielgruppe wurde im Pharmaaußendienst bereits früh eingeführt. Ursprünglich stammte der Begriff aus der Konsumgüterindustrie. Da die Pharmaindustrie im Laufe der Zeit immer wieder versucht hat, sich der Konsumgüterindustrie anzunähern, war es logisch, dass auch deren Verfahren eingeführt wurden. Inzwischen hat die Pharmaindustrie eines damit geschafft: aus wert-stiftenden und wertvollen Arzneimitteln wurden frei austauschbare Commodities. Dies liegt an einem zentralen Unterschied zwischen FMCG und Arzneimitteln: Wegen des Werbeverbots für verschreibungspflichtige Medikamente in Richtung Patienten, gibt keine Möglichkeit Markenbildung zu betreiben.

Die Einführung des Begriffes Zielgruppe und der zugrundeliegenden Prozesse, war auch gleichzeitig das Ende des Altruismus der Pharmaindustrie, den man auch als Ethos bezeichnet hat. Die Perspektive drehte, weg von Arztbedürfnissen und hin zu industriellen Egoismen. Es galt nur noch der Blick von drinnen nach draußen und die Antwort auf die Frage: „Was bringt uns das?"

> *Die Frage: „Was bringt es dem Arzt?" stellt offensichtlich niemand.*

Das Thema Zielgruppenbildung hat Heerscharen von Außendienstmitarbeitern beschäftigt, die immer wieder neue Merkmale vergeben mussten. Zu Beginn wurden Merkmale noch auf Papier erhoben um danach von „Datentypistinnen" (ja, diesen Beruf gab es einmal) in Großrechner eingegeben zu werden. In den Datenbanken wurden danach Parameter kombiniert, um daraus für das jeweilige Produkt die vielversprechendste Zielgruppe zu identifizieren.

Gefolgt wurde der Begriff Zielgruppe von den Begriffen Targeting und Segmentierung.

Interessant ist, dass auch fast 30 Jahre nach der Einführung der Begriffe und Verfahren und die Sequenz der Schritte immer noch unklar zu sein scheint. Was ist oder was kommt zuerst: Targeting oder Segmentierung oder erst Segmentierung und dann Targeting?

> Erst wenn geklärt ist, was Segmentierung und Targeting ist, entscheidet sich auch die Reihenfolge. Fragen Sie nach.

Tragisch an der Zielgruppenbildung war allerdings, dass der Außendienst nicht mehr jeden Arzt besuchen durfte. Bis dahin lautete doch das Credo: „Jeder meiner Ärzte hat Anspruch auf meine Informationen und darauf, neue Arzneimittel für seine Patienten kennen zu lernen."

Außendienstler haben schnell gelernt, dass mit der Angabe eines „falschen" Merkmals, der Arzt ggf. aus seiner Besuchsliste eliminiert wurde. So kam es, dass die Merkmalsvergabe jedes Mal ein neuer Aufruf war, darüber zu sinnieren, was die Produktmanager sich bei der Frage gedacht haben mögen. Es war der Kampf um das Beibehalten guter Kontakte, einfach zu besuchender Ärzte und alter Freunde.

Die Intentionen der Marketing-Abteilung, mit den Merkmalen die besseren, richtigeren Ärzte zu finden wurden oft, wenn nicht meist, vom Außendienst konterkariert. Der Außendienst hatte andere Ziele und Kriterien, als der Innendienst. Komisch? Nein!

Nach Einschätzung des Außendienstes waren es natürlich „immer die schwierigsten" Ärzte, die zu besuchen waren. Die Ärzte waren nämlich deswegen am schwierigsten zu besuchen, weil sie die größten Praxen und das höchste Potenzial hatten. Damit war auch die Annahme klar: die gleichen Ärzte sind für alle gleichermaßen interessant.

Das galt natürlich vor allem für Hausärzte: Die haben damals nicht nur diagnostiziert, behandelt und gegebenenfalls überwiesen, sondern haben selbstverständlich die Wunde gleich genäht, den eingewachsenen Nagel korrigiert, die Pilzkultur angelegt oder als *Praktischer Arzt und Geburtshelfer*" *bei* Hausgeburten Kindern auf die Welt geholfen.

AUSSENDUNGEN AN SELEKTIERTE ÄRZTE

Selektionen galt natürlich nicht nur für die Besuche, sondern auch für die Kostenoptimierung der Aussendungen, die die Industrie den Ärzten auf dem Postweg zuschickte. Parallel zur Anzahl der Besuche nahm Volumen und Menge der Aussendungen ebenfalls zu. Es galt hier die gleiche Arbeitshypothese: Je mehr Kontakte, je mehr Aussendungen, desto mehr wird verordnet.

Einzelne Ärzte wurden vom Marktforschungsunternehmen dafür bezahlt, alle diese Aussendungen zum Zweck der Auswertung nach Menge und Inhalt aufzubewahren bis sie abgeholt wurden. Da in dieser Industrie damals schon jeder tat, was alle tun, war die Zahl der Aussendungen und deren Umfang riesig. Säckeweise stapelten sich in einigen Praxen solche Unterlagen.

Exkurs zum Krankenschein

Wenige Zeitgenossen werden noch wissen, was ein Krankenschein mal war. In der Zeit der elektronischen Gesundheitskarte, auch wenn sie unsäglich lange zur Einführung benötigt, ist die quartalsweise neu zu beschaffende Originalversion des Krankenscheins auf Papier nur noch Wenigen in Erinnerung.

Die Vorderseite des Krankenscheins enthielt Name und Anschrift des Patienten, die Rückseite wurde vom Arzt mit den jeweils erbrachten Leistungen bei jeder einzelnen Konsultation ausgefüllt. Am Quartalsende war die Praxis ein bis drei Tage geschlossen, da alle Mitarbeiterinnen damit befasst waren, die Krankenscheine zu Ende auszufüllen.

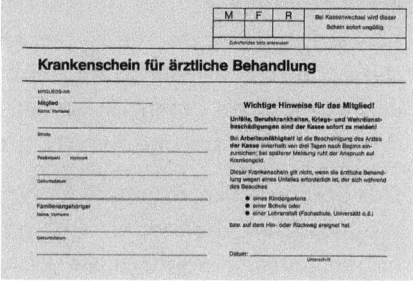

ABBILDUNG 18: SO SAH EIN KRANKENSCHEIN AUS

„Es wurde Abrechnung gemacht."

Die Abrechnungsziffern aller Einzelleistungen, die der Arzt erbracht hatte, mussten manuell auf jedem einzelnen Krankenschein ein- bzw. nachgetragen werden. Die Plausibilität dieser Ziffern zu prüfen, war für erfahrene Helferinnen ein wichtiges Thema. "Wissen Sie, unser Doktor will sich mit so einem Kram nicht aufhalten."

Es war natürlich gänzlich unplausibel, wenn Asthma bronchiale auf dem Krankenschein als Diagnose stand und die Entfernung eines Zehnagels als chirurgische Leistung abgerechnet wurde. Die erste Prüfung auf Plausibilität fand somit noch in der Praxis durch die erfahrensten Helferinnen statt. Danach wurden die „Scheine" ordentlich sortiert zur kassenärztlichen Vereinigung geschickt. Viele Ärzte haben das damals mit dem eigenen PKW getan, denn der Verlust der Krankenscheine bedeutete den Verlust von Einkommen.

Die Anzahl „Scheine"

Diese Zahl, die Anzahl der Krankenscheine, war eine der wesentlichen Kennziffern um die Größe der Praxis bestimmen zu können.

Regelmäßig wurden wir damals gefragt, natürlich auf Papier, zu den Praxen selektierende oder selektionsfähige Daten zu erheben. Eine der wichtigsten Informationen war zum Beispiel die Größe der Praxis. Damit alles für alle klar war, wurde in praktisch jeder Praxis nach der "Anzahl der Scheine" gefragt. Gemeint war damit die Anzahl der abgerechneten Krankenscheine, die damals noch auf Papier vorlagen und auf Papier abgerechnet wurden.

Schnell haben damals Vorgesetzte und Datensammler gerochen, dass Außendienstler sich ihre eigene Meinung gebildet hatten. Es bestand die dringende Vermutung, dass „je größer die Praxis, je häufiger muss ich den besuchen" eine Konsequenz war. Mit dieser Vermutung war selbstverständlich klar, dass die einfach besuchbaren, die netten, die „noch nicht überlaufenen" oder die man besonders gut kannte, am Schluss auch die „größten" Praxen hatten. Diese Ärzte rutschten damit in die zu besuchende Zielgruppe und der Außendienst war's zufrieden.

Kaum hatte im Innendienst der Abgleich der angegebenen Größe der Praxis begonnen, gab es die Frage: „Wie viele Mitarbeiterinnen beschäftigt der Arzt?" Damit wurde es möglich, einen Plausibilitätscheck zu machen. Es gelang darauf hinzuweisen, dass ein Arzt mit einer einzigen Arzthelferin eher nicht 3.000 Scheine pro Quartal abrechnen konnte. Damit war meist die Bitte verbunden, die Praxisgröße bzw. die Anzahl der abgerechneten Krankenscheine doch etwas sachgerechter anzugeben und zu korrigieren.

Mit der Einführung der exakteren Zielgruppenbeschreibung, wurde auch das Leben der Pharmaberater härter. Es funktionierte nicht mehr, die am besten empfangenden und nettesten Ärzte zu besuchen, sondern es mussten ausgerechnet die größten Praxen sein. Jeder kann sich vorstellen, wie schwierig es war sich in diesen Großpraxen gegen zig-Patienten im Wartezimmer zu stemmen. Verbale Anfeindungen von Patienten, die schon lange auf das Gespräch mit ihrem Arzt warteten, waren nichts Ungewöhnliches. Da auch damals schon jedes Pharma-Unternehmen die gleichen Verfahren anwandten wie alle anderen, trafen sich auch die meisten Pharmaberater in den gleichen Praxen.

Differenzierte Arztinformation

Irgendwann tauchte das Zauberwort auf: "Differenzierte Arztinformation". Die unvermeidliche Abkürzung lautete: DAI. Dahinter verbarg sich eine für damalige Zeiten (Ende der siebziger Jahre) fast revolutionäre Idee:

> Es ging darum, entsprechend des zu bewerbenden Produktes und unter Berücksichtigung möglichst vieler erhobener Parameter zur einzelnen Praxis, möglichst genau diejenigen Ärzte auszuwählen, bei denen eine Besprechung (Bewerbung) eines Produktes den wahrscheinlich höchsten Effekt haben musste.

Damals wie heute war die Datenerhebung durch den Außendienst ein wichtiges Thema.

KARRIEREN IM AUßENDIENST

Für Pharmareferenten gab es zu Beginn und vielleicht bis heute im Grundsatz keine wirklichen Karriereschritte. Als Pharmareferent wohnte man irgendwo in Deutschland und arbeitete um seinen Wohnort herum. Für eine Karriere im Innendienst hätten die meisten umziehen müssen. Die wenigsten Außendienstmitarbeiter hätten sich aber aus ihrem sozialen Umfeld trennen lassen und wären in die Nähe ihrer Unternehmenszentrale umgezogen. Hinzu kam, dass die Prognose für die Lebens- und Arbeitsqualität in jedem Innendienst schlechter war, als im Außendienst. Es gab Stechuhren und Zeiterfassung und der Firmenwagen mitsamt Spesen würde sicher fehlen. Ein Konzept für eine Kompensation gab es nicht.

Pharmareferent / Ärztebesucher

Bei manchen Einstellungsgesprächen mit zukünftigen Pharmareferenten oder Ärztebesuchern war die Frage nach Karrierewünschen von großer Hintergrundbedeutung. Falls ein Bewerber erkennbare und deutliche Karriereambitionen hatte, konnte dies im gegebenen Falle sogar ein K.O.-Kriterium sein. Dies lag oftmals daran, dass die Luft für Karriereschritte von Außendienst-Mitarbeitern in aller Regel sehr dünn war.

Eine nicht unwesentliche Eigenschaft für einen Außenmitarbeiter war und ist ein bestimmtes Maß an Extrovertiertheit. Dazu gehört ein gerüttelt Maß an Selbstbewusstsein. Wenn dies bei einem Vorstellungsgespräch dazu führte, dass klare und dezidierte Karriereideen formuliert wurden, wurde ein solcher Bewerber meist abgelehnt, denn es machte keinen richtigen Sinn, die frühzeitige Frustration durch fehlende Karrieremöglichkeiten mit einzukalkulieren. Viele jüngere Leute haben damals auch nicht übersehen können, was ein Umzug aus einem idyllischen Dorf in eine Großstadt wie Hamburg, Berlin, München oder Frankfurt oder in die Provinz um Ulm und Biberach bedeutet hätte..

Ein nächster Schritt: Facharztaußendienst

Zu Beginn meines Außendienstlebens, waren ca. 80 bis 100 Mitarbeiter die Standardgröße für einen Hausarzt-Außendienst in Deutschland. Mitarbeitern von Hausarztlinien blieben die Facharztpraxen zu Beginn ihrer Tätigkeit verschlossen.

In manchen Unternehmen wurde damit eine Karriere verbunden: mit der entsprechenden Berufserfahrung und nach Absolvierung einer besonderen Fortbildung, erhielt man die interne „Zulassung" für den Besuch von Fachärzten. Man war damit von seinem Arbeitgeber befugt, sich anspruchsvolleren Fachärzten zu nähern. Die geprüfte Sachkunde wurde als gut genug betrachtet, um fachlich intensiven und tiefschürfenden Diskussionen mit Fachärzten standzuhalten. Diese „Facharztzulassung" erhielt man nicht vor Ablauf eines Jahres im „normalen" Außendienst.

Daraus entstanden Anfang der achtziger Jahre die sogenannten Facharzt-, oder Speziallinien. Für die gesamte Republik, wurden zu Beginn etwa 20 bis 40 Stellen für die Besuche von Fachärzten etabliert. Damit gab es auch erstmals eine realistische Karrieremöglichkeit für den Außendienst im Außendienst. Man konnte aus der Hausarztlinie in eine Facharztlinie wechseln. Dies beinhaltete nicht nur eine besser klingende Visitenkarte, sondern in aller Regel auch eine Gehaltsanpassung.

Die meisten Außendienste in der Pharmaindustrie waren tarifvertragsgebunden. Sobald ein Pharma-Unternehmen Mitglied des Arbeitgeberverbandes war, war der Tarifpartner der Pharmaindustrie die damalige IG Chemie. Entsprechend wurden die Standardanforderung eines Außendienstes mit der Entgeltstufe E9 vergütet. Innerhalb der Entgeltstufen gab es Unterstufen, die von der Berufserfahrung in Jahren abhängig waren. Mit dem Wechsel in einen Facharztaußendienst oder die Speziallinie entwickelte sich daher auch die tarifliche Eingruppierung nach oben.

Der Haken am Facharztaußendienst war, dass das geographische Gebiet eines Facharztaußendienstes etwa 2-4 „normale" Gebiete umfasste. Die Arbeitgeber bestanden deswegen darauf, dass Facharztaußendienste bei ihren Besuchstouren übernachten mussten. Vielfach wurde dabei die Fürsorgepflicht des Arbeitgebers ins Feld geführt.

Der Außendienst hatte sich durch seine Argumentationen in seiner eigenen Schlinge gefangen. Kein normaler Außendienstler wurde müde, die überlangen Arbeitszeiten inklusive stundenlanger Autofahrten als große Belastung darzustellen. Es war deswegen völlig normal, dass die Arbeitgeber bei deutlich größeren Gebieten auf diesen Übernachtungstouren bestanden. Damit war die Reisetätigkeit, inklusive regelmäßiger Übernachtungen in Pensionen und preiswerten Hotels für viele deutlich zu hoch. Die Einbußen an Lebensqualität waren auf jeden Fall erheblich und dem Karrierewunsch dann doch abträglich.

Klinikaußendienst

Krankenhauspatienten wurden stationär auf ein Arzneimittel eingestellt und dessen Name war früher selbstverständlich auf dem Entlassungsschreiben vermerkt. Niedergelassene Ärzte hätten damals nie eine Verordnung aus dem Krankenhaus angezweifelt, geschweige denn verändert. Die Ausstrahlung einer Krankenhausverordnung (vulgo: spill-over) war erheblich. Dies machte das Krankenhaus zu einem wichtigen Außendienstziel.

Wenn immer ein Arzneimittel eine Chance hatte, ambulant weiterverwendet zu werden, wurde es sehr preiswert oder praktisch gratis in Krankenhäuser geliefert. Ich erinnere mich an Konditionen die da lauteten: „100+1" Dies bedeutete: 100 Packungen bestellt, 1 bezahlt." Vollständig gratis durfte nicht geliefert werden. Das verstieß schon damals gegen das Wettbewerbsrecht. Es dauerte auch nicht lange, bis findige Krankenhausapotheker sich mit Arzneimittelgroßhändlern zusammentaten und für das Krankenhaus ein gutes Geschäftsmodell daraus entwickelten: Es wurden große Mengen Arzneimittel zu extrem günstigen Preisen bestellt, mit einem Preisaufschlag unmittelbar an den Großhändler weitergegeben, um dann zu den normalen Verkaufspreisen in der Apotheke zu landen. Es waren goldene Zeiten für alle.

So glaubte man damals, dass der Klinik Außendienst eine der zentralen Grundlagen für die erfolgreiche Einführung neuer Produkte legte. Die Diskussionen über den Grad des sogenannten „spill-over" Effektes waren in allen Bereichen kontrovers und aus heutiger Perspektive eher witzig.

Jedenfalls war es für einen Pharmareferenten ein Karriereschritt, in den Klinikaußendienst zu kommen. Nach den damaligen Eindrücken und Einschätzungen, waren Klinikärzte die anspruchsvollsten Gesprächspartner, die wichtigsten Multiplikatoren und in vielen Fällen auch akademische Lehrer. Letztere würde man heute als Key Opinion Leader bezeichnen. Im Klinikaußendienst hatte man quasi ausgesorgt. Die tarifliche Einstufung war noch einmal höher, die Bonussummen waren erheblich und meist besaß auch der Firmenwagen mehr PS, Zylinder, besser Ausstattungsmerkmale oder mehr Auspuffrohre. Diese Parameter wurden als wesentlich für die Außenwirkung des Fahrers betrachtet. Geschah es doch immer wieder, dass Ärzte den Klinikreferenten auch als Fahrer zu Veranstaltungen nutzten. Auch die Bitte: „Lassen Sie mich doch mal in ihren Kofferraum schauen, vielleicht ist da noch was Interessantes für mich drin." war nicht ungewöhnlich. Bei solchen Gelegenheiten und auch beim Vorfahren auf dem Hotel-oder Krankenhausparkplatz spielte das Auto vermeintlich eine wichtige Rolle.

Was im Klinikaußendienst noch besser war, waren die Arbeitszeiten. Die meisten Ärzte waren früh am Morgen nicht zu sprechen, denn dann waren Visiten, Consile oder Operationen angesagt. Der beste Besuchszeitpunkt war meist zwischen 12 und 14:30 Uhr. Am besten war es, wenn die ganze innere Station sich in der Cafeteria zum Mittagessen traf und man als Pharmareferent dazwischen sitzen konnte. Hatte man es geschafft, in die Augen von 8-10 Ärzten zu schauen, war das Besuchssoll für diesen Tag geschafft. Viel Reisetätigkeit gab es dabei nicht, denn die Anzahl relevanter Ärzte in großen Kliniken oder Universitäten war so ausreichend, dass es nur weniger Häuser bedurfte, um einen Klinikaußendienstmitarbeiter, mit der damals üblichen Besuchsfrequenz, vollständig auszulasten.

Die angenommene Verantwortung und damit die tarifvertragliche Einstufung für den Klinikaußendienst waren auch deswegen höher, weil jeder über ein Budget verfügte. Damit war, laut Tarifvertrag, eine besondere Verantwortung gegeben. Dieses Budget durfte zielgerichtet, trotzdem nach eigenem Gutdünken und irgendwie zur Förderung des Umsatzes verwendet werden.

Bei den Stammtischen des Bundesverbandes der Pharmareferenten in den 70- und 80er-Jahren oder den regelmäßigen Treffen in Cafés und Gasthäusern, wurden die wildesten Geschichten erzählt. So waren die Winterreifen eines Chefarzt-Autos ebenso ein Thema für solche Budgets, wie die Ausstattung klinikinterner Fort- und Weiterbildungen. Die Referentenhonorare waren üppig und Begriffe wie „Conflict-of-interest" waren unbekannt und wenn, von untergeordneter Bedeutung. Nur selten gab es Professoren oder andere qualifizierte Redner, die sich für ihre Fortbildungen das freie Wort ausbedungen hatten.

Für die meisten war der Duktus klar: „Wess Brot ich ess, des Lied ich sing." Es gab damals Redner, deren Auftritt bei einer Fortbildungsveranstaltung sich nach einigen Wochen in den Umsatzzahlen ablesen ließ.

Key Account Manager

Seit wann es diesen Begriff in der Pharmaindustrie gibt, kann ich nicht nachvollziehen. Der Begriff ist auf jeden Fall wiederum von anderen Branchen übernommen. Irgendein Beratungsunternehmen hat wohl den Begriff eingeführt und dann? Haben ihn alle übernommen.

Im Jahr 2017 muss man konstatieren, dass ein Key Account Manager in praktisch jedem Unternehmen eine andere Funktion ausübt, mit anderen Arbeitsinhalten und anderen Zielen ausgestattet ist. In vielen Fällen wird der Begriff dazu verwendet, dem Klinik-Außendienstmitarbeiter einen besseren Namen zu verleihen.

Ein Erlebnis der besonderen Art hatte ich im Jahr 2012. Ich traf einen befreundeten Außendienstleiter der mir berichtete, dass er jetzt auch Key Account Manager in seinen Reihen habe. Er erzählte, dass das Unternehmen entschieden hatte eine Linie mit zwölf Klinikaußendienstlern aufzusetzen. Es wurden Dienstleister hinzugezogen, Einstellungsgespräche geführt, Bewerber selektiert, eingestellt und fortgebildet. Am Vortag der Arbeitsaufnahme im Klinikaußendienst traf sich der Außendienstleiter mit seiner neuen Mannschaft zu einem ganz besonderen, festlichen Abendessen.

Im Verlaufe dieses Events fiel ihm auf, dass die Stimmung in seiner neuen Mannschaft zu wünschen übrigließ. Auf die direkte und offene Frage was denn die Stimmung trübe, bekam er die Antwort: „Wir haben heute auch unsere Visitenkarten bekommen. Auf denen steht „Klinikaußendienst". Wir dachten aber, dass wir *Key Account Manager* sind?" Gesagt getan: die Visitenkarten wurden neu gedruckt und seitdem gab es in diesem Unternehmen auch Key Account Management.

Dieser Fall klingt sicher nur zu Beginn anekdotisch, aber während meiner Recherchen und Gespräche zum ersten internationalen Fachbuch zum Thema Key Account Management, (KAM in Pharma 3.0) habe ich viele solche Situationen erlebt.

Im Zusammenhang mit Key Account Management war es für mich eine ganz besondere Überraschung, dass das Wort Account, die Frage warum denn ein Account Key sei und wer da wen oder was managed, bis heute weitestgehend ungeklärt sind. Aus vielen Stellenausschreibungen lässt sich unschwer ablesen, dass hier eine Pseudo-Karriere entstanden ist. Der Key Account Manager unterscheidet sich bis heute zu oft nur durch den Begriff auf der Visitenkarte vom althergebrachten Klinik- oder Facharztaußendienst.

Eine Stellenausschreibung aus dem März 2016 illustriert den fließenden und fast nicht vorhandenen Unterschied zwischen Facharztaußendienst und dem, was als Key Account Management bezeichnet wird. Der Unterschied resp. das Neue am Key Account Manager ist, dass Accountpläne gemacht werden müssen.

KEY ACCOUNT MANAGER (M/W) ONKOLOGIE / GYNÄKOLOGISCHE ONKOLOGIE

REGION: FRANKFURT AM MAIN, DARMSTADT, ASCHAFFENBURG, WIESBADEN, LIMBURG, ... [12]

STANDORT: HOME-OFFICE IN DER REGION ZUM EINSATZ IN DER REGION

IHRE AUFGABEN

BETREUUNG VON FACHÄRZTEN DER ONKOLOGIE/HÄMATOLOGIE, DER UROLOGIE UND DER GYNÄKOLOGIE IN DER KLINIK, AN ZENTREN UND IN DER NIEDERLASSUNG

MARKT- UND WETTBEWERBSBEOBACHTUNG

SICHERSTELLUNG DER ZIELERREICHUNG DURCH EIGENSTÄNDIGE UMSETZUNG DER GEBIETS- UND UNTERNEHMENS- UND VERANSTALTUNGSSTRATEGIE UNTER BERÜCKSICHTIGUNG DER INDIVIDUELLEN BEDÜRFNISSE DER JEWEILIGEN KUNDEN

ERSTELLEN VON ACCOUNTPLÄNEN

ENGE ZUSAMMENARBEIT MIT DEN REGIONALLEITERN, MEDICAL AFFAIRS UND MARKETING, IN BEZUG AUF STAKEHOLDERANALYSEN UND INFORMATIONEN INNERHALB DES UNTERNEHMENS ZUR OPTIMIERUNG VON MARKETING-, SALES- UND MEDIZIN-AKTIVITÄTEN

VERANTWORTLICH FÜR DIE ORGANISATION & DURCHFÜHRUNG VON FORTBILDUNGSVERANSTALTUNGEN

KUNDENPFLEGE UND FORTBILDUNGEN IM RAHMEN DER TEILNAHME AN SPEZIELLEN VERANSTALTUNGEN UND KONGRESSEN

---

[12] Aus einer Stellenausschreibung in www.Xing.com/, 24.3.2016

Medical-Liaison-Manager

Inzwischen gibt es eine weitere Speerspitze im Außendienst, die meist einer qualifizierten Hochschulausbildung bedarf. Der Medical-Liaison Manager bildet eine Brückenfunktion zwischen den rein wissenschaftlichen Aufgaben in der Zusammenarbeit mit Prüf- und anderen Zentren und dem „normalen" Außendienst.

Meinen ersten Kontakt mit dieser neuen Aufgabe hatte ich im Jahr 2011. Mit der Einführung erster „orphan drugs"[13] für die Behandlung seltener Erkrankungen bedurfte es entsprechender Spezialisten. Es ging dabei weniger um die Beförderung des Umsatzes. Da das jeweilige Arzneimittel meist das einzig verfügbare war, wurde es sowieso jedem einschlägigen Patienten verordnet. Die Spezialisten in den diagnostischen Zentren hatten aber viele Fragen zu den Indikationen und der Identifikation der passenden Patienten, z.B. durch DNA-Analysen. Es geht um spezielle genetische Mutationen und eingeschränkte Indikationsfelder. Bei den ganz besonders hohen Kosten für diese Therapieformen hatten alle Beteiligten ein besonderes Interesse an der präzisen Einstellung von umfassend diagnostizierten Patienten.

Um all diese Themenfelder rechts- und erstattungssicher mit Leben zu füllen, sind Medical Liaison Manager ein wichtiges Bindeglied.

Beispielhaft die beiden folgenden Stellenausschreibungen aus dem März 2016. Trotz aller Spezialisierung ist die Anbindung oder auch Anlehnung an den Außendienst gut erkennbar.

---

[13] Ein „orphan drug" erhält diesen Status, wenn es in der EU weniger als 230.000 Patienten pro Jahr oder weniger als 5 Patienten pro 10.000 Einwohner gibt.

MEDICAL LIAISON MANAGER (M/W) IN NORDDEUTSCHLAND
IHR AUFGABENGEBIET:
BEZIEHUNGSAUF- UND -AUSBAU ZU KOOPERATIONSPARTNERN UND MEINUNGSBILDNERN
BETREUUNG VON PRÜFÄRZTEN BEI DER DURCHFÜHRUNG KLINISCHER STUDIEN
SICHERSTELLUNG DER EINHALTUNG DER ARZNEIMITTELRECHTLICHEN RICHTLINIEN
ÜBERZEUGENDE PRÄSENTATION DER ERGEBNISSE AUF FACHVERAN-STALTUNGEN
EINGEBUNDEN IN INTERDISZIPLINÄRE TEAMS BILDEN SIE EINE SCHNITT-STELLE ZWISCHEN MARKETING/VERTRIEB UND MEDIZINISCHER WIS-SENSCHAFT.
IHRE QUALIFIKATION:
AKADEMISCHER HINTERGRUND ALS MEDIZINER ODER NATURWISSEN-SCHAFTLER ZWINGEND
BERUFSERFAHRUNG IM WISSENSCHAFTLICHEN PHARMAAUßENDIENST ALS KLINIKREFERENT ODER IN EINER VERGLEICHBAREN POSITION
FACHKENNTNISSE IM THERAPIEBEREICH DER ONKOLOGIE
SEHR GUTE ENGLISCHKENNTNISSE
HOHE REISEBEREITSCHAFT

Ein etwas andere Außendienstaufgabe, die den gleichen Titel trägt:

MEDICAL-LIAISON-MANAGER/IN INDIKATION KARDIOLOGIE. EINSATZGE-BIET DUISBURG, DÜSSELDORF, KÖLN, ...
IHRE AUFGABEN:
SIE IDENTIFIZIEREN DIE MEINUNGSFÜHRENDEN STAKEHOLDER UND INTENSIVIEREN BESTEHENDE KONTAKTE IN IHREM GEBIET. DAZU ERARBEITEN SIE ENTSPRECHENDE ENGAGEMENTPLÄNE IN ZUSAM-MENARBEIT MIT IHREN KOLLEGEN. AUßERDEM UNTERSTÜTZEN SIE DIE ABTEILUNG KLINISCHE FORSCHUNG BEI DER AUSWAHL GEEIG-NETER PRÜFZENTREN UND ENTWICKELN UND IMPLEMENTIEREN ENTSPRECHENDE PLÄNE ZUR BETREUUNG IN FORM VON PRÄSEN-

TATIONEN. DARÜBER HINAUS NEHMEN SIE REGELMÄßIG AN STU-
DIENTREFFEN, NATIONALEN UND INTERNATIONALEN KONGRESSEN
TEIL. SIE PLANEN MEDIZINISCH-WISSENSCHAFTLICHE VORTRÄGE
UND FORTBILDUNGEN UND SIND STETS KOMPETENTER ANSPRECH-
PARTNER IN IHREM GEBIET.

IHR PROFIL:

SIE VERFÜGEN ÜBER DIE ZULASSUNG GEMÄß § 75 AMG SOWIE EIN
ABGESCHLOSSENES MEDIZINISCHES ODER NATURWISSENSCHAFTLI-
CHES STUDIUM. HINZU KOMMT EINE MEHRJÄHRIGE BERUFSERFAH-
RUNG IM KLINIKAUßENDIENST ODER IN DER KLINISCHEN FOR-
SCHUNG. GUTE KENNTNISSE IM PROJEKTMANAGEMENT BRINGEN
SIE EBENSO MIT, WIE ERFAHRUNG AUS DEN INDIKATIONEN ONKO-
LOGIE, KARDIOLOGIE, ENDOKRINOLOGIE ODER IMMUNOLOGIE.
AUßERDEM VERFÜGEN SIE ÜBER EINE STARKE KUNDENORIENTIERUNG
GEPAART MIT WISSENSCHAFTLICH- UND MARKETINGORIENTIERTER
DEN- UND HANDLUNGSWEISE. AUSGEPRÄGTE KOMMUNIKATIONS-
, PRÄSENTATIONS- UND VERHANDLUNGSSTÄRKE, GUTE EDV- UND
SEHR GUTE ENGLISCHKENNTNISSE SOWIE EINE HOHE REISEBEREIT-
SCHAFT RUNDEN IHR PROFIL AB.

Beispielhafte Karriereleiter im Pharma-Außendienst:

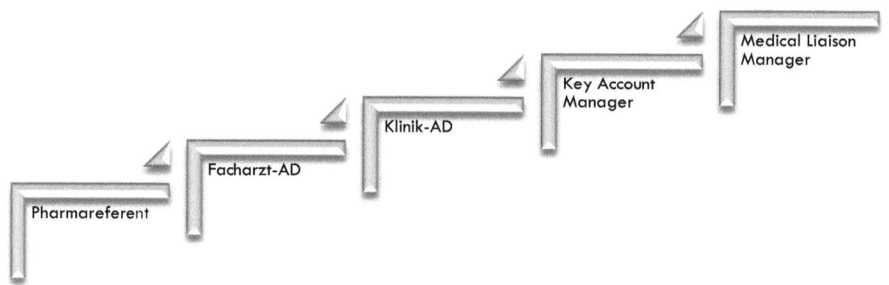

102

Das gute am MSL ist die Tatsache, dass er keine Umsatzverantwortung hat und damit weniger Umsatz- oder Ergebnisdruck existiert.

Regionalleiter

Die Chancen, einen Job als Regionalleiter zu bekommen, standen grundsätzlich schlecht. Wenn die Stelle aus der eigenen Mannschaft besetzt werden sollte, gab es üblicherweise nur eine Chance von 1:12 bis 1:10.

Nur wenige dieser Stellen wurden frei, denn für Regionalleiter gab es noch seltener die Möglichkeit, im gleichen Unternehmen wohnortnah etwas anderes zu tun. Ein Nachfolger wurde typischerweise nur gesucht, wenn ein Regionalleiter in den Ruhestand ging oder das Unternehmen wechselte.

Der Schritt, Vorgesetzter seiner Kollegen zu werden, war nicht jedem sympathisch. Die Einbindung in wirkliche Führungsaufgaben und Management Verantwortung schreckte ab. Die Zerrissenheit zwischen den früheren Aufgaben im Außendienst, den vielen Kenntnissen und Erfahrungen die man gesammelt hat, die unzähligen intimen Gespräche mit seinen Kollegen, deuteten bereits zu Beginn des Nachdenkens eine Anzahl Probleme an. Sich zwischen den Mühlsteinen der früheren Kollegen und dem Vertriebsleiter sicher und verschleißarm zu bewegen, gelang nur wenigen. Die meisten waren und blieben „super reps", die (angeblich) besseren Außendienstmitarbeiter.

Spannend ist das Beispiel[14] einer Stellenausschreibung für Regionalleiter, wie sie heute(sic) noch regelmäßig zu finden ist:

---

[14] Xing, Gruppe Pharma; 10. August 2017

Aufgaben:

- Führung, Motivation und Entwicklung der Außendienstmitarbeiter(innen) der Gebietsgruppe
- Budget-/Kostenverantwortung der Gebietsgruppe
- Umsetzung des Marketingauftrages in der eigenen Gebietsgruppe, Ressourcenmanagement und Monitoring des Gesprächs- und Maßnahmenplans
- Mitwirkung bei der Gestaltung und Entwicklung von regionalen und innovativen Marketingkonzepten
- Zielorientierte Zusammenarbeit mit allen am Marketingauftrag Beteiligten
- Überwachung der Außendienstaktivitäten im Hinblick auf AMG, HWG und Kodex

Anforderungen:

- Weiterbildung zum/zur geprüften Pharmareferenten/in bzw. analoge Qualifikation entsprechend AMG
- Mehrjährige erfolgreiche Außendiensttätigkeit im Pharma-Außendienst
- Mehrjährige Führungserfahrung ist wünschenswert
- Ergebnisorientierung und unternehmerische Kompetenz
- Entscheidungsfreudigkeit, Kreativität und Durchsetzungsvermögen
- Teamfähigkeit und hohe soziale Kompetenz
- Analytische und konzeptionelle Fähigkeit
- Bereitschaft, in das Gebiet umzuziehen

Die Ausschreibung ist aus dem Jahr 2017 und unterscheidet sich inhaltlich nicht von der Ausschreibung, auf die mich vor mehr als 35 Jahren beworben habe.

BUSINESS IN UNITS

Zu Beginn der Industrialisierung war es bei der Ford Motor Company nicht wirklich nötig, dass die Arbeiter wussten wohin das Teil gehörte das sie herstellten. Genauso wenig interessierte es damals Buchhalter, wie der Verkauf ablief. Viel weniger noch, musste irgendjemand mit einem Kollegen einer anderen Abteilung zusammenarbeiten. Jedem Auftrag folgte die schritt-und abteilungsweise Abwicklung. Das meiste lief „sequentiell", nacheinander ab.

Es wurden Strukturen und Begriffe etabliert unter denen Unternehmen heute noch leiden. Das Organigramm ist die grafische Darstellung solcher Strukturen. Es trennt einzelne Bereiche meist nach ihrer Funktion. Es sorgt auch dafür, dass die Trennlinien zwischen den Abteilungen im Alltag sichtbar bleiben. Türschilder und Telefonverzeichnisse sind heute noch immer beredte Zeugen des Abteilens.

Es kamen aber Zeiten da wurde nicht nur das Pharmageschäft komplexer. Staatliche Eingriffe durch eine typisch deutsche Regelungswut und daraus entstehende Bürokratie und international nötige Zertifizierungen erzwingen heute regelmäßige und intensive Kooperation über Abteilungsgrenzen hinweg.

Irgendwann stellte jemand fest, dass das Wort Abteilung, von „abteilen" kam. Zusammenarbeit über Abteilungsgrenzen hinweg, war schon des Begriffes wegen unwahrscheinlich. Also benannte man die Abteilungen in „Business Units" um.

Als Konsequenz der Umbenennung in Business Unit sollte es innerhalb der BU besser werden mit der Kooperation.[15]

Aus der Abteilung Medizinisch-Wissenschaftliche Information oder der „ethischen Abteilung" wurde die Business Unit „Verschreibungspflichtig", auch als Rx[16] bezeichnet. Hier wurden in jedem Fall die höchsten

---

[15] In business, a (SBU) is a profit center which focuses on product offering and market segment. (Wikipedia)
[16] Was Rx bedeutet oder wo es herkommt ist weitgehend unbekannt.

und lukrativsten Umsätze gemacht. Bald wurden viele Begriffe noch weiter „verenglischt" oder modernisiert und die frühere BU-Rx heißt heute zum Beispiel „Prescription Medicine".

Der „ursprünglichste" aller Außendienste befindet sich jetzt in der Business-Unit OTC. Auch Consumer Care oder Consumer Health Care usw. sind neue Bezeichnungen. Es stellt sich gelegentlich die Frage, wer solche Begriffe erfindet und wer der Etablierung solcher Wortfindungen am Ende zustimmt?

Eine wichtige Abteilung war früher der Klinikvertrieb oder das Krankenhaus-Geschäft. Schon früh wurde vor- und damit gerechnet, dass die Verwendung eines Medikamentes im Krankenhaus in den niedergelassenen Bereich herüberschwappt. Man nannte das „spill-over-Effekt". Ob es ihn je wirklich gab und in welchem Umfang ein Kreis- oder Universitätskrankenhaus therapie-prägend wirkten, ist mindestens strittig. Die möglichen Synergien, haben aber auch schon in den frühen Zeiten nicht dazu geführt Abteilungsmauern niedriger werden zu lassen.

Aufwändige Versuche, wenigstens die Außendienste im Feld zusammen zu führen, erscheinen nicht erfolgversprechend und wurden vielfach wieder „zurückgebaut". Kann es überhaupt sein, dass ein Regionalleiter es schafft, seinen Rx-Arztaußendienst, den Kollegen vom Klinikaußendienst, den Facharzt-Außendienst, den Key Account Manager und die Frau vom Apothekenaußendienst gemeinsam zu führen? Schon ein Abstimmungstreffen erscheint als fast unlösbare Mammutaufgabe. Solange jeder einer anderen Business Unit angehört sind solche Versuche regelmäßig vergeblich.

Die bestehenden organisatorischen Mauern zwischen Rx und OTC verhindern zuverlässig selbst die inzwischen gewünschte Patientenorientierung.

Management-Dreiklänge – heute so valide, wie früher

Jeder Arzt macht es Managern vor und hält sich stringent an einen drei-schrittigen Prozess:

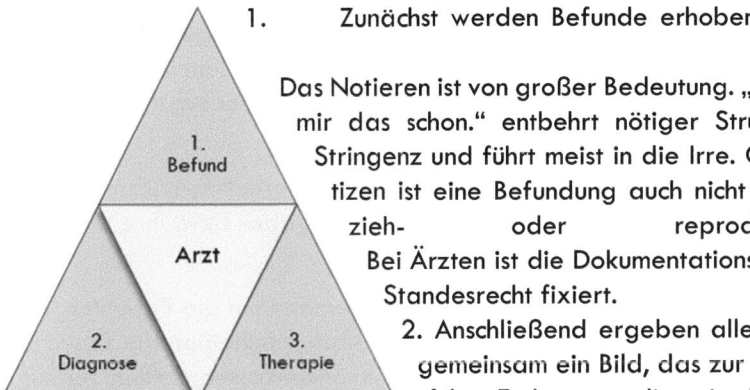

ABBILDUNG 20: EIN DREIKLANG

1. Zunächst werden Befunde erhoben und notiert.

Das Notieren ist von großer Bedeutung. „Ich merke mir das schon." entbehrt nötiger Struktur und Stringenz und führt meist in die Irre. Ohne Notizen ist eine Befundung auch nicht nachvollzieh- oder reproduzierbar. Bei Ärzten ist die Dokumentationspflicht im Standesrecht fixiert.

2. Anschließend ergeben alle Befunde gemeinsam ein Bild, das zur Diagnose führt. Früher war dies ein definierter und gleichsinnig verstandener Begriff. Heute ist der International Code of Diagnosis in seiner Version 10 (ICD-10) aktuell. Damit werden alle Diagnosen für einheitlich und definiert kodiert.

3. Erst mit existierender Diagnose wird Therapie geplant, verordnet und danach hoffentlich umgesetzt.

Dass Interessante an diesem Dreiklang aus Befund, Diagnose und Therapie ist die Tatsache, dass dieser Dreiklang gleichermaßen Eingang in die Entscheidungswelt von Managern in der pharmazeutischen Industrie finden könnte. Allzu oft, so erscheint es wenigstens, wird anhand von ersten Befunden bereits die Therapie festgelegt.

Die Einleitung bzw. Verordnung einer Arzneimitteltherapie gehört ins Tätigkeitsspektrum des Arztes. Es gab Zeiten, da war die Therapiehoheit ein wertvolles Gut für das sich kämpfen lohnte. Diese Zeiten sind vorbei. Der Einfluss eines verordnenden Arztes auf die Auswahl des zu dispensierenden Arzneimittels wird immer geringer. Mehrheitlich wird heute eine Substanz verordnet. Die Wahl des Herstellers obliegt einem anderen Heilberuf. Wie bereits erwähnt, sind heute bereits 80 % aller Arzneimittelverordnung in Deutschland Generika. Davon wiederum ist die weitaus größte Mehrheit rabattvertragsgebunden. Damit ist sichergestellt, dass für jeden Patienten und seiner Krankenkasse entsprechend eines der rabattierten Arzneimittel abgegeben wird. Meist hat der Apotheker die Auswahl aus drei verschiedenen Herstellern, die er nach eigener Entscheidung dispensieren oder substituieren kann.

Deswegen nimmt es Wunder, dass die Pharma-Unternehmen nach wie vor mehrheitlich die Verordner und nicht die Abgabe- bzw. ihre Umsatzentscheider besuchen.

Das zweite Wunder ist, dass sich bis heute niemand um die Patienten kümmert, die in mehr als 50 % aller Fälle selbst entscheiden die Therapie zu beenden. Ärzte beklagen das, Krankenkassen zahlen für viele Diagnosen umsonst, die WHO will das bekämpfen und es müsste originäres Interesse der Pharmaindustrie sein. Bisher gibt es keinen relevanten Akteur.

Man darf gespannt sein, wer dieses Thema eines Tages übernimmt.

Patient-centricity

Im Zentrum aller Bemühungen im Gesundheitswesen steht der Patient – sagen viele. Fakt ist: das Gesundheitssystem ist zwar für Patienten gemacht und jeder wird eines Tages Patient sein, aber der Patient findet aktuell nicht statt. Es wird viel über den Patienten geredet, aber nicht mit ihm.

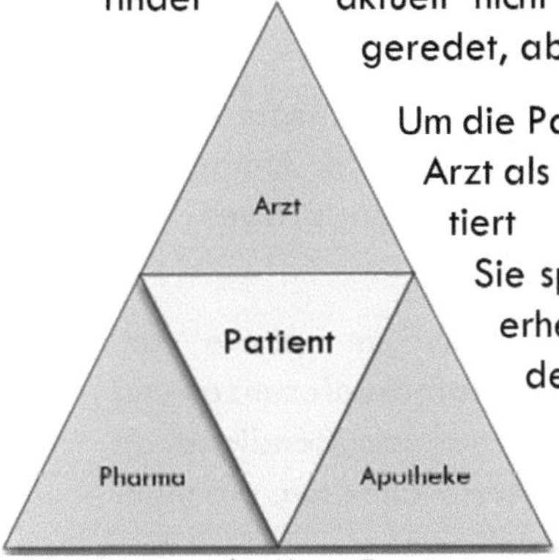

Um die Patienten herum, bemühen sich Apotheke und Arzt als Heilberufler. Die Pharmaindustrie komplettiert den Dreiklang. Sie spielt eine wesentliche Rolle, denn sie trägt erheblich zur Verlängerung von Leben und Linderung von Leiden bei.

ABBILDUNG 21: MAGIC TRIANGLE

Zu diesem Gesundheitssystem ist die Apotheke der niederschwelligste Zugang. Der Apotheker ist eindeutig Heilberufler, auch wenn er sich oftmals selbst als Kaufmann geriert. Er wird meist als Einzelhändler betrachtet und auch so behandelt.

Pharma und Medizintechnik liefern zentrale Beiträge zum Therapieerfolg. Meist allerdings versagen sie kläglich bei der Kommunikation dessen, was sie zu Wohlbefinden und Lebensverlängerung für uns alle beitragen.

Zu oft ist die Pharmaindustrie noch im „Verkaufen-Modus". Dabei ist sie der einzige Player, der regelmäßige Kontakte zu allen Schnittstellen hat. Die überlieferten Strukturen, viele Geschäftsprozesse und die dadurch geprägte Mentalität stehen allerdings in Konflikt mit Patientenzentriertheit.

- Fast überall sind Rx und OTC noch immer getrennt, was der strukturellen Abkopplung eines Unternehmens von der sog. „Patientenreise" entspricht.
- Traditionelle KPIs in Marketing und Vertrieb verhindern zuverlässig die Ausrichtung auf Patienten und deren Bedarf oder Bedürfnisse.

Solange Geschäftsprozesse darauf ausgerichtet sind, Umsatzzuwachs oder verbesserten Gewinn zu erzielen, ist das Ziel Geld. Antiquierte KPIs und Messstrecken wie „Umsatz" und seine Analoga, prägen weitestgehend Einstellung und Handlungen.

Solange Außendienstmitarbeiter sich beim Arzt nur um weitere Verordnungen bemühen sollen, das Vokabular in Telefonkonferenzen und Meetings so bleibt wie es ist, in Medien vom Pharmaaußendienst als *Drückerkolonne* gesprochen wird und Vorgesetzte alles tun, um mehr Umsatz herzustellen, regiert der Umsatz-Sprech.

> Erstaunlich:
> Wenn man die Worte „Drückerkolonne" und Pharma in eine Suchmaschine eingibt, findet man etwa 1.000 unterschiedliche Quellen.

Mehr Umsatz generieren, den Marktanteil erhöhen oder verteidigen oder sogar Arzneimittel an Ärzte verkaufen (die übrigens niemals etwas kaufen), steht im direkten Widerspruch zur Patientenzentrierung.

Es gilt die Annahme, dass Patientenzentrierung mit Umsatzzielen inkompatibel ist.

Was wäre, wenn?

- Umsatzziele durch zeitgemäße KPIs, die Unternehmenswerte widerspiegeln und dabei ein therapeutisches Ergebnis für Patienten abbilden, ersetzt würden?
- die Anzahl erfolgreich behandelter Patienten gemessen würde?
- es gelänge, den bisher getrennten Außendienste von Rx und OTC so zusammenzuführen oder einzusetzen, dass eine Unternehmen der Patientenreise überhaupt folgen kann?
- Das Stichwort „Patienten-Zufriedenheit" als KPI eine Rolle spielen würde?
- Die Therapietreue als Messkriterium für Erfolg eingeführt würde?

Wer erinnert noch den Satz von George W. Merck, Gründer von MSD?

„Wir dürfen nie vergessen, dass Medizin für Menschen ist. Sie ist nicht für den Gewinn.

Der Gewinn kommt und wenn wir daran dachten, sind Gewinne nie ausgeblieben."

PHARMA UND „KUNDE"

Das Abschreiben von anderen Unternehmen und Branchen führte dazu, dass Mitte der achtziger Jahre, zunehmend Produktmanager von Konsumgüterunternehmen eingestellt wurden. Sie haben die Biologen, Pharmazeuten und Mediziner der früheren Jahre abgelöst. Man versuchte damit, mehr „verkäuferische" Elemente in die Pharmaindustrie einzuführen. Dass die Kolleginnen und Kollegen aus der Konsumgüterindustrie in Kunden und Kundennutzen gedacht haben sollen, hielt man für besonders wichtig.

Was aus diesen Konsumgüter-Versuchen (leider) übrigblieb, war der Begriff Kunde. Er war in die Pharmaindustrie eingeführt, hoffähig geworden und ab diesem Zeitpunkt wurde zumindest mal jeder Arzt als Kunde bezeichnet. Inzwischen hat dieses Wort „fröhliche Urständ" gefeiert, den Alltag komplett penetriert und man benennt inzwischen vielfach sogar KollgeInnen als „interne Kunden".

Giovanni Sartori, berühmter Politikwissenschaftler, hat den Satz geprägt: "Da wir Gefangene unserer Sprache sind, sollten wir unsere Wörter mit Bedacht wählen!" Ganz besonders wirksam ist die verwendete Sprache in der Pharmaindustrie. Sie hat heftig und prägend auf die Mentalität dieser Industrie eingewirkt. Strukturen, Abläufe und das Mind-Set wurden in Pharmaunternehmen dauerhaft durch verwendete Floskeln und Begriffe geprägt.

ABBILDUNG 22:
GEFANGEN – GIOVANNI SARTORI

Niemand aber hat die Produktmanager früher Tage angeleitet, sich schlau zu machen, was ein Kunde wirklich ist. Selbst beim Nachschlagen im Duden oder Wikipedia lässt sich unschwer erkennen, dass das Wort Kunde für ein Pharmaunternehmen ein offensichtlich falsch verwendeter Begriff sein muss. Wenn es keinen Käufer gibt, dann ist auch das Wort „Verkaufen" zumindest fehlerhaft.

Der Begriff „Kunde" mit all seinen Abwandlungen wurde danach zum Treiber multiplen Fehlverhaltens, vor allem in den Außendiensten.

Customer Relationship Management (CRM)

Mit der Einführung des Begriffes „Kunde" wurde es bedeutungsvoll, seine Kunden zu kennen. Dies war die Geburtsstunde von „CRM". Eigentlich heißt das „Customer Relationship Management". CRM war ursprünglich eine Frage von Kundenorientierung als Ausdruck einer Unternehmens-Mentalität. Heute bezeichnet man man das häufig als customer-centricity. In der Pharmaindustrie degenerierte CRM zur Floskel und zum teuren und vom Außendienst ungeliebten elektronischen Handwerkszeug.

Die ersten Eigenentwicklungen lieferten die Informationen noch auf Papier in den Außendienst. Informationen über Ärzte auf papiernen Besuchsberichten wurden anschließend von Datenypistinnen eingegeben und kamen danach wieder zurück zum Außendienst. Irgendwann kam dann Siebel und verkaufte Big-Pharma für Big Money die großen Oracle-Datenbanken. Als dann das Notebook oder der Laptop das Licht der Welt erblickte gab es keine Datentypistinnen mehr. Dies erledigen seitdem die Außendienstler selbst. Selten zeitnah, manchmal abends und oft erst nach Tagen, z.B. einmal im Monat. Die genutzte Gelegenheit wird seit 30 Jahren „Bürotag" genannt. De facto bedeutet dies einen Besuchs- und damit weitgehend arbeitsfreien Tag.

Vor etwa 10 Jahren hat das erste Top-Ten-Unternehmen sich von Siebel und Oracle abgewandt und Veeva eingeführt. Das tun jetzt auch alle.

Heute ist „CRM" im Außendienst zu einer ungeliebten bis lästigen Re-porting-Software verkommen. Fragt man im englischsprachigen Aus-land den Außendienst zu diesem Thema, so erscheint schnell das Wort „policing-tool".

Einen wirklichen Kunden, über den man alles wissen muss, um ihm bes-ser „dienen" zu können, gibt es für die Pharmaindustrie immer noch nicht. Wenn ein Arzt im Pharmaunternehmen oder den Außendienstler anruft, steht der Name des Arztes immer noch nicht auf dem Telefon-display des Angerufenen. Als Kunde wird er dennoch bezeichnet und man muss ihm jedenfalls etwas verkaufen, auch wenn eine Arzt von der Pharmaindustrie nichts kauft.

CRM AUS MANAGEMENT-SICHT: GRENZENLOSE MÖGLICHKEITEN

Zielpersonen-Profile, quantitative Daten, Kontaktplanung und -ver-waltung: die Möglichkeiten, die moderne CRM-Systeme Mitarbeite-rinnen und Mitarbeitern im pharmazeutischen Außendienst zur Un-terstützung ihrer Arbeit in den Bereichen „Information", „Doku-mentation" und „Kommunikation" bieten, sind fast grenzenlos.

Am Anfang galt die Kontaktplanung mehrerer Außendienstlinien und deren Koordinierung als Königsdisziplin eines CRM-Systems. Es sollte mit solchen Systemen möglichst verhindert werden, dass sich mehrere Außendienst MitarbeiterInnen gleichzeitig in der gleichen Praxis und mit dem gleichen oder sehr ähnlichen Gesprächsauftrag trafen.

Durch geringe Datenübertragungsgeschwindigkeiten und die meist langen Antwortzeiten der Systeme, kamen Treffen von Kollegen des gleichen Unternehmens, aber verschiedener Linien vor der gleichen Praxis häufig vor. Dann ging halt einer in die Praxis und sprach für die wartenden Kollegen mit.

CRM aus Vertriebssicht: In Grenzen nutzbar

Der Sichtweise des Managements folgten die Mitarbeiterinnen und Mitarbeiter im Außendienst nur bedingt: „Viel-Nutzer" führen als Vorteile für sich an, dass sie sich optimal unterstützt fühlen, alle relevanten Daten übersichtlich an einem Ort und auch mobil nutzbar zusammengefasst waren, die Administration deutlich verringert wird und man zudem stets über aktuelle Informationen verfügt. „Wenig-Nutzern" sind die Systeme häufig zu komplex, die eigenentwickelte Systematik auf Papier oder maximal in Excel Tabellen erscheint jedenfalls einfacher und logischer. Die Außendienstler beklagen zudem eine Informationsüberlastung mit Angaben, die sie selbst gar nicht benötigen und deren Begründung meist nicht verstanden. Die Qualität der eingepflegten Daten war entsprechend.

CRM-Profile: unzureichender Pflegezustand

CRM-Profildaten sind nur so gut wie ihr Pflegezustand und daran mangelt es vielfach, vor allem, wenn es um Angaben geht, die nur der Außendienst erheben kann. Viele Merkmale wie z. B. "Zusatzqualifikationen" sind leer, frei definierbare Merkmale werden nicht genutzt um beispielsweise Schlüsselinformationen zum Praxismanagement zu dokumentieren oder das Arzt-Feedback zu Veranstaltungen zu erfassen. Befragt man Pharma-Referenten hierzu, wird immer wieder angedeutet oder auch offen zugegeben, dass man diese Informationen als persönlich und vertraulich betrachtet und der Zentrale nicht offenbaren möchte.

Hinter dieser Haltung steht die Angst, gläsern und damit ersetzbar zu sein aber auch Befürchtungen, dass das Marketing oder andere Abteilungen die Angaben für eigene, nicht steuerbare Zwecke nutzen könnten. Hinzu kommt, dass Daten, die über zentrale Aktionen erhoben und eingespielt werden, häufig keine Akzeptanz finden, da die Umstände ihrer Erhebung nicht bekannt sind oder andere grundlegende Zweifel bestehen. (IFABS RSS-Feed, 2016)

Die Außendienst-Lautstärke

Es gibt sie noch, die erfahrenen Marketing- und Außendienstleiter, die dem „share of voice"-Modell anhängen. Die Erfahrung hat ja einmal gezeigt, dass es funktioniert hat: Je mehr Besuche pro Arzt, umso mehr Umsatz.

Das Problem ist, dass die Zahlen und Annahmen von damals heute nicht mehr stimmen müssen.

- Die Zeiten der jährlichen Neueinführungen und Blockbuster sind vorbei.
- Entscheidungen zum verwendeten Arzneimittel werden heute immer seltener von Ärzten getroffen.
- Das „Verkaufen" war schon immer falsch und makroökonomisch sind wir heute alle in sog. Käufermärkten.
- Die Zeiten des Mangels und verknappter Angebote waren gestern.

Damals, 1975 ff., befanden wir uns noch in Verkäufermärkten. „Früher" wurde auch zuhause Kaffee gekocht, wenn der „Versicherungsvertreter" sich angemeldet hatte oder der Autoverkäufer mit seinen Prospekten ins Haus kam. Schon das Ansinnen würde uns heute eher erschrecken. Nur für die Pharmaindustrie soll alles gleichgeblieben sein.

Eine besondere Delikatesse in diesem Zusammenhang ist ein Zitat nach einer Konferenz im Jahr 2016.

"Today the [sales] role is fairly clear," Robert explained. "If you have a call plan, you visit the doctor, you deliver the message and report it back. Move on to the next doctor and repeat."
(Craig Sharp, IMS Health, 2016)

Hier wird endgültig klar, dass diese Industrie sich in den letzten 40 Jahren nicht verändert haben kann. Robert Chu von IMS Health beschreibt mit diesem Satz möglicherweise genau das Verfahren, das zum Niedergang des Vertriebsmodells geführt hat. Wahrscheinlich ist exakt dieses Verhaltensmuster der zentrale Grund dafür, dass sich die Türen von Arztpraxen für Pharmareferenten in den meisten Ländern schließen. Der Außendienst ist bis heute der Vermittler einer Werbebotschaft und soll sogar Arzneimittel an Ärzte verkaufen, die nie etwas kaufen.

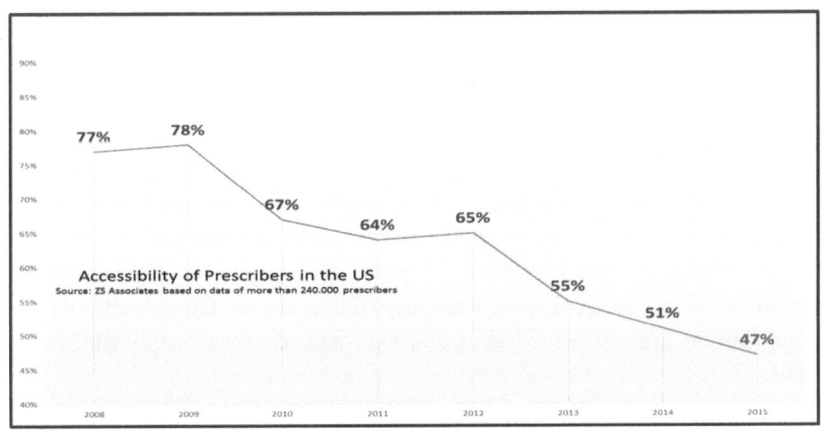

ABBILDUNG 23
ZUGANGSMÖGLICHKEITEN ZU ÄRZTEN, USA;
ZS ASSOCIATES 2015

Nach Daten von ZS Associates, sind in den USA im Jahr 2015 nur noch 47% aller Ärzte überhaupt durch die Pharmaindustrie erreichbar. Die Mehrheit hat die Türen für die Pharmaindustrie inzwischen geschlossen. Dies ist wohl auch dem enormen „Verkaufsdruck" durch die „salesforces" geschuldet.

Besonders erschreckend ist der *Verlauf* der Kurve über die Zeit, die lt. ZS weiter nach unten deutet. In nur sieben Jahren, hat die Pharmaindustrie diesen Niedergang geschafft.

Viele Ärzte haben offensichtlich die Chronophagie der Verbreitung blander Werbebotschaften und die sogenannten „Verkaufsgespräche" satt.

Wenn es aber weniger als 50% sind, die ich besuchen kann, wo liegt dann der tatsächliche Wert von Besitz und Analyse teurer Daten, aufwändigen und komplexen Segmentierungsschemata und detaillierten Besuchsplanungen?

Für Deutschland gibt es keine allgemein verlässlichen Zahlen zur Besuchbarkeit aber der gesunde Menschenverstand gibt deutliche Hinweise, dass wir auf einem sehr ähnlichen Stand wie die USA sein müssten. Restriktionen sind deutlich, die Dauer der Terminvereinbarungen für einzelne Fachgruppen spricht eine beredte Sprache. Besondere Spezialisten, wie zum Beispiel Onkologen, vergeben heute ihre Termine im Halbjahresrhythmus.

Erfindungen, wie „Spot-Calls": „Rein, wenn man den Arzt sieht, den Produktnamen dreimal sagen und wieder raus!" sprechen nicht nur der Berufsauffassung von Pharmareferenten, sondern auch dem Bedarf der Ärzte Hohn. Sogenannte Arztgespräche, deren Dauer oftmals in Sekunden in gemessen wird, gehörten und gehören zum gleichen Genre.

Wer, außer Marketing- und Vertriebsleitern wird einen Besuch mit einer Durchschnittsdauer von 90 Sekunden als „Gespräch" bezeichnen, noch dazu, wenn der Außendienstler 70% der Gesprächszeit hat? Damit hätte ein Arzt ca. 20 Sekunden eigene Gesprächszeit. Ob „Kommunikation" dafür der richtige Begriff ist?

Dies betrifft nicht alle AußendienstmitarbeiterInnen. Diejenigen, denen es gelungen ist, ein persönliches Verhältnis mit ihren Ärzten aufzubauen haben es deutlich besser. Oftmals haben sie sich dazu von den Unternehmensvorgaben distanziert und ihr eigenes Ding gemacht. Das eigene Ding war die Entfernung der „Werbebotschaften" aus dem jeweiligen Besuch. Stattdessen haben sie mit ihren Ärzten ein Gespräch auf Augenhöhe geführt.

Wirklicher Austausch, Information und Diskussion, auch über den Urlaub, den Nachbarn, die Kollegen und die Politik sind es, die zum persönlichen Verhältnis beigetragen haben. Manches Mal reichte es auch aus, einen Arzt oder Apotheker einfach nur sprechen zu lassen, denn deren Beruf besteht aus Zuhören, den ganzen Tag. Pausen machen und einen Zuhörer auf Augenhöhe zu haben, sind geschätzte Erfahrungen, die dauerhafte persönliche Beziehungen herstellen. Heute verwendet man in diesem Zusammenhang den Begriff „Empathie". Die Nebenwirkung solcher Vorgehensmuster sind Mehrverordnungen als Folge von Präferenzbildung. Mit „Verkaufen" hat dies nichts zu tun.

Dann kommt der Tag des Doppelbesuchs. Der begleitende Vorgesetzte erwartet ein bestimmtes Gespräch und die vorher eingeübten Inhalte.

Der Vorgesetzte hat immer bekommen, was er suchte.

In keiner anderen Lebenssituation habe ich so viele „Potemkin'sche Dörfer" entstehen sehen, wie bei gemeinsamen Besuchen im Außendienst.

Manche Ärzte werden vorab informiert: „Morgen komme ich mit meinem Chef. Erschrecken Sie nicht, der will das so!" ist eine nicht unbekannte Ankündigungsformel. Wer sagt, er kennt das nicht, erscheint eher als Opfer von Verdrängungsmechanismen. Wer mehr lernen möchte, liest einfach in einschlägigen Außendienst-Blogs im Internet nach.[17]

---

17 http://www.cafepharma.com/boards/

Gesundheit und ihre Reformen

Ein in Jahren kurzer Rückblick stellt fest, dass die Umgebung der Pharmaindustrie sich ganz erheblich verändert hat. Der Gesetzgeber hat Schritte unternommen, damit die Pharmaindustrie Vertragspartner der Sozialsysteme werden kann und daran anschließend den Arzneimittelmarkt neu geordnet.

Die Gesundheitsreform im Jahr 2007 gebar das GKV-WSG (GKV-Wettbewerbsstärkungsgesetz). Es erlaubte der Pharmaindustrie erstmalig Vertragspartner der Krankenkassen zu werden. Erklärtes Ziel dieser Gesetzesänderung war die Reduktion der Arzneimittelkosten in Deutschland. Drei Jahre später wurde im Bundestag das AMNOG (Arzneimittelmarktneuordnungsgesetz) verabschiedet.

Spätestens nach diesen beiden Gesetzen, musste jedem klar geworden sein, dass Erfahrungen „aus alten Tagen" ihre Relevanz eingebüßt hatten. Die Entscheidungen zur Arzneimitteltherapie wurden in andere Hände verlagert. Der Behandler und Hausarzt hat seitdem nur noch eingeschränkte Möglichkeiten, ein bestimmtes Arzneimittel für seine Patienten zu verordnen.

Das ärztliche Rezept wurde zur Therapieempfehlung.

Im Jahr 2017 sind annähernd 80 % aller verordneten Arzneimittel in Deutschland nicht mehr unverwechselbar. Wertvolle Arzneimittel sind namenlose Generika, mehr noch: sie sind zu frei austauschbaren Commodities geworden.

Begriffe wie „Best Practice" und „Benchmark" sind weiterhin „in". Der Glaube an das Nachahmen erscheint noch immer unerschütterlich. Dabei gibt es bis heute nur einen McDonalds, nur ein Coca-Cola und auch nur einen Aldi. Jede dieser Weltmarken macht irgendetwas anders als alle anderen. Diese Marken bestätigen uns, dass Einzigartigkeit das Zentrum aller Bemühungen sein muss.

Entscheider früher und heute

Schon lange hat die Politik weit über Deutschland hinaus die Pharma-industrie im Visier. Sie ist der „locus minoris resistentiae" des Gesund-heitswesens, wenn es um das Sparen geht. Hinzu kommt deren schlechte Reputation beim Wähler. Das macht sie zum einfachen Ziel. Wir wären nicht in Deutschland, wenn die Eingriffe direktiv wären. Die deutsche Politik hat sich dazu entschieden, die Selbstzerstörung zu för-dern. Das ist in unserer Landeskultur einfach und das Ergebnis ist re-lativ gut prognostizierbar.

GKV-WSG und AMNOG[18] haben es der Pharmaindustrie erstmals ermöglicht, Verträge direkt mit Krankenkassen abzuschließen. Erst-mals durfte die Pharmaindustrie sich vertraglich mit den Krankenkas-sen auseinandersetzen und zur Absatzsicherung Lieferverträge ab-schließen. Nach einer kurzen Lernphase haben die Krankenkassen ver-standen, wie man Ausschreibungen professionell durchführt und dabei grundsätzlich und immer das preiswerteste Angebot aussucht. Das war der Anfang von einem Ende.

Es begann der Niedergang der Arzneimittelpreise.

Früher haben sich deutsche Urlauber gewundert, wie preiswert Arz-neimittel am Urlaubsort im Süden waren. Heute wundern sich Pharma-Geschäftsführer, wie schlecht ihre Margen in Deutschland in nur weni-gen Jahren geworden sind. Retrospektiv muss man sich aber klar dar-über sein, dass die Margen nicht von alleine schlecht geworden sind, sondern dass die Industrie ihre Margen reduziert hat. Das einzig er-kennbare Handwerkszeug was die Industrie zu haben glaubte, um im Geschäft zu bleiben war, Rabatte zu gewähren. Dabei musste sie nur sicherstellen, dass der deutsche Listenpreis (Herstellerabgabepreis) unter allen Umständen auf einem hohen Niveau blieb, denn er dient als Referenzpreis in anderen Ländern.

---

[18] Arneimittelmarktneuordnungsgesetz, 11. November 2010 verabschiedet, zum 1. Januar 2011 in Kraft

Die Industrie hat Gesetze gefeiert und ist ihnen gleichzeitig auf den Leim gegangen. Die wichtigste Konsequenz ist, dass wir heute in Deutschland eine der höchsten Generikaquoten in Europa haben. Mehr als 77 % der im Jahr 2016 verschriebenen Arzneimittel sind bereits frei austauschbare Generika. (ProGenerika, 2017)

Damit jedes Unternehmen ein Stück vom Kuchen bekommen kann, wurde von den Managern das Rabattklavier gespielt. Zu Beginn wurde mit Preisführerschaftsstrategien lehrbuchhaft der Wettbewerb reduziert. Die Anzahl der Generika Unternehmen ist heute deutlich geringer als noch vor fünf Jahren. Wir können heute davon ausgehen, dass es in Deutschland ein Oligopol gibt bei dem acht Unternehmen etwa 70 % des Marktes abdecken.[19] Dass Preisführerschaftsstrategien aber nicht nur für den Wettbewerb tödlich sein können stellt die Industrie inzwischen an vielen Stellen fest.

> *Der Verdrängung von Konkurrenten durch Rabatte, folgt der betriebswirtschaftliche Suizid.*

„Rabatte bis zum Anschlag" schaffen das. Im Jahr 2016 spricht man hinter verschlossenen Türen von 80% und mehr Rabatt um im Markt zu bleiben. Gut für Politik und Krankenkassen ist daran, dass solche Todesspiralen in aller Regel unumkehrbar sind. Den Preis bekommt man nicht mehr nach oben.

Mit der Aussage *„Das mittlerweile erreichte Preisniveau liegt unbemerkt von der Öffentlichkeit weit unter allen großen EU-Ländern und bedeutet vielfach, dass der Hersteller weniger einnimmt als die Transportkosten zur Apotheke ausmachen."*[20] ließ sich der Geschäftsführer eines der größten Generikaanbieters bereits im Juni 2015 zitieren.

---

[19] Interne Mitteilung
[20] http://www.apotheke-adhoc.de/pageactions/seite-drucken/?tx_ttnews%5Btt-news%5D=40361

Die Erfahrung früherer Jahre hat die Entscheider der Pharmaindustrie gelehrt, dass der Arzt der wichtigste Absatzauslöser sei. Auf das Rezept zu kommen war deswegen das Ziel jeder Aktivität und jeden Außendienstlers. Sein Einkommen und damit das Auskommen der Familie waren und sind heute immer noch davon abhängig, wie viel ein Arzt verordnet und wie viele Ärzte sein Arzneimittel verordnen.

Der Arzt entscheidet aber heute nicht mehr. Bei annähernd 80% aller Verordnungen, hat der Arzt praktisch keinen Einfluss mehr auf das abgegebene Arzneimittel. Die weitaus meisten Generika sind heute vertragsgebunden.

Ein erläuterndes Beispiel für die, die (noch) keine Medikamente verordnet bekommen:

- Befunde: Nase laufen, Niesen, eingeschränktes Wohlbefinden. Eindeutig positives Ergebnis des Pricktests.
- Diagnose: Allergie gegen Gräserpollen
- Therapie mit Kassenrezept: Xusal N2. Nachdem der Mitarbeiter von UCB gerade da war, ist Xusal das Medikament der Wahl. *„Außerdem ist er ein netter Kerl!"* denkt der Arzt.
- Patient in der Apotheke: Scan des Rezeptes, Hinweis auf bestehenden Rabattvertrag.
- Das vertragskonforme nicht mehr Xusal, sondern Levocetirizin. Selten wird es vorkommen, dass ein Apotheker alle drei Alternativen Levocetirizine vorrätig hat. In dieser Apotheke heißt es deswegen: *„Das von Glenmark habe ich auf Lager. Ist das in Ordnung?"*

Mögliche aber unwahrscheinliche Optionen für den Fall, dass es für den Patienten nicht in Ordnung wäre

1. Er nimmt das Rezept wieder mit und geht in eine andere Apotheke
2. Er muss 4 Stunden später noch einmal in die gleiche Apotheke kommen und das Generikum eines anderen Generikaherstellers abholen.
3. Er zahlt die Differenz zum Original-Xusal.

Das Ergebnis der Xusal®-Rezeptmetamorphose heißt in diesem Fall: Levocetirizin Glenmark.

Der Apotheker ist Hüter, Anwender und Umsetzer der Rabattverträge und er entscheidet heute, was aus dem ärztlichen Rezept bzw. „Therapievorschlag" wird.

Wer hat's entschieden? Der Apotheker!

Früher war der Arzt der wichtigste „touch-point" für die Absatzförderung. Heute ist das weitgehend (in fast 80% der Fälle) falsch.

Richtig ist es nur noch bei Neuneinführungen mit zugestandenem Zusatznutzen und positivem G-BA[21]-Entscheid.

Inwieweit Fachärzte und andere Spezialisten dabei wirklichen Informationsbedarf durch ein Pharmaunternehmen und dessen Abgesandte haben, bleibt offen.

Memento: Absatzförderung durch Pharmareferenten ist „vom Gesetz nicht gedeckt."

Mit der Entscheidung von Boehringer Ingelheim, die gleiche Austauschbarkeit auch für Biosimilars (Firstword, 2017) sicher zu stellen, ist der Weg der Preise bzw. Erlöse für Biosimilars ebenfalls vorgezeichnet.

---

[21] Gemeinsamer Bundesausschuss. Hier wird endgültig entschieden, was von den gesetzlichen Krankenkassen bezahlt oder erstattet werden darf.

Eine Studie mit dem Namen VOLTAIRE-X soll bis 2019 in den USA belegen, dass Biosimilars (in diesem Fall Adalimumab) klinisch „identisch" zu den Originalen sind.

Damit wird auch in dieser Medikamentenklasse der Preiswettbewerb in Zukunft den Markt bestimmen. Marktchancen und Umsatzerwartungen für biologische Generika werden sich wesentlich verändern. Individualisierte und hochtechnologische biologische Arzneimittel werden nach Patentablauf ebenfalls zu austauschbaren Commodities (verkommen).

Die Voraussage zum Erstattungspreis biologischer Arzneimittel eines Ländergeschäftsführers eines US-basierten Originalherstellers biologischer Arzneimittel lautete:

„100 € für die Produktion, 100 € für Marketing und Vertrieb und 100 € für die Aktionäre."[22]

Wer hat's gemacht? Die Pharmaindustrie!

---

[22] Persönliches Gespräch Anfang 2017

VERTRIEBSKANÄLE

Die Älteren mögen sich erinnern, dass der Apotheken-Außendienst in vielen Unternehmen der erste Außendienst war. Das waren diejenigen, die dem Apotheker gesagt haben, warum er welches freiverkäufliche Arzneimittel bestellen sollte. Der Apotheker wurde beraten und jegliche Radio-, Zeitschriften- oder Zeitungswerbung wurde dem Apotheker mit Datum, Thema und Inhalt meist rechtzeitig angekündigt.

Nichts war schlimmer, als wenn Kunden den nichtwissenden Apotheker mit ihren aktiven Nachfragen überrannt haben.

Das nicht vorrätige Arzneimittel und Nichtwissen zu den Werbebotschaften war deswegen schlimm, weil es am Ego und Selbstverständnis eines heilberuflichen Berufsstandes kratzte.

Internet gab es noch nicht, das Fax begann gerade seinen Siegeszug und der OTC-Außendienst war ein wichtiger Umsatzbringer.

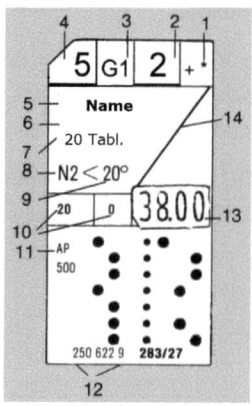

ABBILDUNG 24:
ABDA LOCH-KÄRTCHEN

Viermal pro Tag vom Großhandel beliefert werden oder 24-Stunden Logistiksysteme für die Direktlieferung gab es auch noch nicht wirklich. Irgendwann mal hielten Bestellsysteme Einzug in das, was man heute Warenwirtschaft nennt: das ABDA-Kärtchen.

Zu jeder Abgabe oder bei Erreichen des Mindestbestandes wurde ein Kärtchen gesammelt und dann wie in einem Diamagazin, via Telefonmodem beim Großhandel nachbestellt.

Der Außendienstler hatte meist eine gute Idee, wieviel Nachschub für die Produkte je Apotheke benötigt wurde. Bestellen konnte man bei ihm auch. Dabei gab es manchmal Sonderangebote.

Dies nannte man damals Services: individualisierte Liefertranchen, Zahlungsziel erst in 6 Wochen oder auch 2 oder 3% Skonto für die schnelle Begleichung der Rechnung. Das waren Zeiten: da gab es fürs Festgeld noch mehr als 10% Zinsen.

Wirklich magisch waren Zahlen wie „12 für 10" oder gar „100 für 60". Dies bedeutete, dass es Naturalrabatte gab: 12 bestellen, 10 bezahlen, oder 60 bezahlen und 100 bekommen. Die OTC-Läger waren grundsätzlich und immer voll und manchmal sind sie übergelaufen.

Dies wiederum führte zum „Schwarzhandel". Apotheker leiteten die mit Sonderkonditionen eingekauften Waren direkt und unmittelbar an den Großhandel weiter. Der nämlich konnte von solchen Konditionen nur träumen.

Die im Unternehmen unkoordinierte Rabattpolitik führte und führt nach wie vor dazu, dass nicht nur Datenlieferanten vor großen Problemen stehen.

Bis heute ist es eine der wichtigen Aufgaben für viele AußendienstmitarbeiterInnen, die regelmäßigen Umsatz und Absatzzahlen nachzurechnen und auf Plausibilität zu prüfen. In den Fällen, in denen Apotheker die super Konditionen der Pharma-Unternehmen nutzten, lohnte es sich häufig, die ein oder zwei Paletten OTC-Arzneimittel sofort dem Großhandel weiterzuleiten. Der Aufwand für den Apotheker war gering, der Gewinn war erheblich. Da Pharmaaußendienste meist an sogenannten sell-in-Daten gemessen werden, gab es an dieser Stelle schwerwiegende Verwerfungen.

Das gleiche Verfahren galt im Grundsatz für den Krankenhausaußendienst, dessen Preisgestaltung von dem Glauben lebte, dass es einen spill-over-Effekt gäbe. Dieser Effekt sollte dafür sorgen, dass Patienten die im Krankenhaus auf ein bestimmtes Medikament eingestellt waren, mit eben diesem Medikament in der niedergelassenen Praxis weiter behandelt werden.

Der Kernsatz des „gemeinen Krankenhausapothekers" lautete in diesen Tagen: „Andere bieten mir auch solche Rabatte!" Dies führte dazu, dass Klinikpackungen praktisch gratis abgegeben wurden. Der „Spill-over-Effekt" sollte es dann richten.

Die in dieser Situation gewährten Rabatte lieferten auch die Grundlage für das Geschäftsmodell einer Branche aus der die sogenannten Re-Importeure hervorgingen.

Der Pharma-Krankenhausaußendienst war außerordentlich glücklich und sah sehr erfolgreich aus, wenn ein Krankenhaus palettenweise seine Medikamente einkaufte.

Der Krankenhausapotheker war ebenso glücklich, wenn er für die Palette nur ein paar D-Mark bezahlen musste und von einem abnehmenden Unternehmen einen ordentlichen Preis dafür erzielte. Es gab Krankenhausapotheken, die damals Umschlagplatz für große Arzneimittelmengen waren. Besonders profitierte der Mitarbeiter im Krankenhausaußendienst, dessen Bonuszahlungen oder Rangreihenpatz ihn als Siegertypen etablierten.

Die Zwischenhändler, die die Arzneimittel aus dem Krankenhaus übernahmen, die Klinikpackungen danach vereinzelten und dann an Großhandel oder direkt an Apotheken weiterverkauften, erzielten eine deutliche höhere Marge als jeder Großhändler auf dem normalen Weg.

Es wurden Prozesse geführt, die das Auseinzeln von Klinikpackungen verbieten sollten. Sie wurden von der Industrie verloren. Bündelpackungen mit oder ohne aufgedrucktes Auseinzelungsverbot wurden immer mehr in ihre Teile zerlegt und mit erheblichen Gewinnen weiterverkauft. Manch Krankenhausapotheke wurde durch diese Art des Handels wohlhabendes Profitcenter.

Spätestens mit dem Verbot der Naturalrabatte im Jahr 2006, endete dieses Geschäftsmodell. Die Pharmaindustrie musste andere Wege finden, Menschen mit Preisgestaltungen zu ködern.

Was blieb, war das Geschäft mit den sogenannten Re-Importen: Einkauf von rezeptpflichtigen Arzneimitteln in Ländern mit geringeren

Preisen als in Deutschland -> Umverpackung, das Ausstatten mit einem deutschsprachigen Beipackzettel unter Vermeidung der Verwendung eines geschützten Markenzeichens und am Ende das Aufbringen deutscher Aufkleber auf der Verpackung zur Sicherung deutschsprachiger Pflichtangaben. Immer dann, wenn die Preisdifferenz etwa mehr als ein Euro (früher eine D-Mark) war, lohnte sich der Aufwand. Damit wurden solche Unternehmen Arzneimittelhersteller und befanden sich in einer wichtigen Liga.

OTC: Vertriebs-Verfahren

Früh begann die pharmazeutische Industrie die Abverkäufe ihrer OTC Arzneimittel in Apotheken über Preise, Rabatte und andere Konditionen zu forcieren. Damit wurde der Heilberufler „Apotheker" zum Kaufmann degradiert.

Darunter leiden die Apotheken bis heute auch nachdem ihre Verkaufsmargen in beiden Sparten, Rx und OTC deutlich reduziert und pauschalisiert wurden. Politisch ist es heute unvorstellbar, dass einem Einzelhändler Honorare aus den Töpfen der gesetzlichen Krankenversicherung bezahlt werden sollen. Allerdings gäbe es eine Menge Möglichkeiten für solche Honorare, wenn nur das Image wieder mehr in Richtung Heilberuf bewegt werden könnte.

Erinnert sei dabei daran, dass nicht nur in der Schweiz, sondern auch in anderen Ländern, die Apotheke als niederschwelliger Zugang ins Gesundheitssystem genutzt wird. Zum Beispiel kann man sich in vielen Ländern in der Apotheke impfen lassen.

Verkaufsförderung und Werbekostenzuschüsse (WKZs)

Nach wie vor sind *Bevorratung* und andere Spielarten von „Schluss- oder Vorratskäufen" das beherrschende Thema für die Zusammenarbeit des Apotheken-Außendienstes mit den Apothekern. Mit Jahresabnahmeverträgen versucht die Industrie, die Beratung der Apothekenkunden in das richtige Fahrwasser zu bewegen, die Sichtwahlplatzierung perennial sicher zu stellen und am Ende dem Apotheker ein besseres Einkommen zu versprechen.

Je mehr einer Marke in der Apotheke verkauft wird, desto höher wird der Werbekostenzuschuss. In einigen Fällen werden zu Beginn eines Jahres Mindestabnahmemengen vertraglich vereinbart und entsprechend dieser Mengen Rabatt bzw. WKZ gewährt.

Tragisch wird es, wenn eine Saison ausfällt oder wenn sich Apotheker weigern, Herbstbevorratungen bereits im Sommer des Vorjahres zu beginnen.

Im Jahr 2015 ist ein Streit darüber entstanden, ob zwei oder 3 % Skonto zu den unzulässigen Rabatten gehören. Dieser Streit verspricht durch alle juristischen Instanzen geführt zu werden. Wie vor 30 Jahren versucht der OTC-Außendienst heute noch, dem Apotheker Arzneimittel zu verkaufen. Er versäumt dabei zur Kenntnis zu nehmen, dass ein Apotheker regelmäßig nicht mehr einkauft, als er verkaufen kann. Was er verkauft, folgt aber in der übergroßen Mehrzahl aller Fälle dem Wunsch des Kunden oder Patienten. Diese wiederum werden von Pharmakritikern meist glaubhafter als von der Pharmaindustrie beeinflusst.

Was dem Apotheker allerdings fehlen könnte, wären neue Kunden und neue Kundengruppen. Mit ihrer Video-Kampagne „Näher am Patienten", hat die ABDA ein klares Zeichen gesetzt, wo Apotheker der Schuh drücken könnte. Auswirkungen auf die Aktivitäten der Pharmaindustrie hatte das bisher keine.

Soviel zum Thema „Kundenorientierung".

Neue Ideen

In einer Zeit, in der Soll- und Habenzinsen keine Rolle spielen, Schaufensterdekorationen in ihrer Wirkung limitiert sind, die Apothekenumschau regelmäßig erscheint und der Gesetzgeber in Deutschland keinerlei Anstalten macht, die Bildung von Apothekenketten zu gestatten, sind neue Ideen gefragt. Leider waren viele der bisherigen Ideen nicht neu, sondern höchstens ein wenig anders.

Das Kategorien-Management wurde verfeinert, Sicht- und Freiwahl in Wochenabständen saisonal angepasst und es wurde sehr genau geprüft, was jeder Kunde gekauft hat und was womit zusammenhängen könnte. Daraus wird abgeleitet, was ein Kunde, der nach einem bestimmten OTC-Produkt gefragt hat, vielleicht noch zusätzlich kaufen könnte. Deswegen sollte es ihm auch von den Apothekenmitarbeiterinnen angeboten werden.

Der Zusammenschluss von Apotheken zu Einkaufsgemeinschaften wie MEA, Linda u.v.a., sollte die betriebswirtschaftliche Situation für jeden einzelnen Apotheker verbessern.

Der Wettbewerb wurde zum Gegner und so wurde jeglicher Versuch eines der Drogeriemärkte, ein auch nur ansatzweise apothekenpflichtiges Medikament abzugeben mit Nachdruck verfolgt und energisch abgestellt. Ob die Kunden danach die gesuchten Medikamente in der Apotheke anstatt im Drogeriemarkt gekauft haben, ist nicht bekannt.

Der Pharmaaußendienst schult, trainiert und übt derweil mit den MitarbeiterInnen in der Apotheke das, was als Beratungsgespräch bezeichnet wird. Das Ziel ist die Umsatzsteigerung des jeweiligen Produktes. Wirklichen Wert für Apotheker und seine MitarbeiterInnen entfalten solche Schulungen deswegen eher nicht. Nett und kurzweilig mögen sie trotzdem sein.

Wie aber kann ein Pharmaunternehmen mehr Umsatz machen, wenn die Zahl der Apothekenkunden stagniert, deren Durchschnittsalter steigt, vieles von dem Eintreten einer Saison abhängt, das Apotheken-sortiment streng eingegrenzt ist und die Anzahl der Apotheken höchstens gleichbleibt?

Am Ende geht „mehr Verkaufen" über die aktive Veränderung eines Kundenwunsches. Allerdings sagen immer weniger Apothekenkunden: „Ich brauche etwas gegen Naselaufen." Immer mehr sagen: „Ich hätte gerne Nasic! Das habe ich im Internet gelesen oder in der Werbung gesehen!" oder „Das haben mir Freunde oder Familie empfohlen."

„Da nehmen Sie doch besser Nasivin!" sagen Apotheker selten zu diesem Kunden, denn für seinen nächsten Einkauf wird sich dieser Kunde wahrscheinlich einer anderen Apotheke zuwenden.

Aus der Perspektive der Pharmaindustrie ist bis heute die Trennung der Vertriebslinien in OTC und „Ethisch" oder „Wissenschaftlich", heute Rx, genannt geblieben. Trotz aller Veränderung von Gesetzen, den mutierten Verhaltensmustern von Kunden, der ubiquitären Verfügbarkeit jeglicher Information und vielen Beispielen einer veränderten Einzelhandelslandschaft, verharrt die Pharmaindustrie in alten Verhaltensmustern.

Früher wurde der eigene Umsatz buchhalterisch mithilfe von Rabatten und anderen geldwerten Aktionen meist besser. Heute ist dies anders. Ein Unternehmen, das 3% Skonto gewährt, müsste 4% mehr Umsatz machen, damit wirklich und nicht nur buchhalterisch, mehr Umsatz entsteht. Das gilt als schwierig.

Arbeitsbedingungen im Außendienst

ZITAT EINER ANONYMEN QUELLE BEI KUNUNU.COM AUS DEM JAHR 2016

„Sehr gute Schulung dank einem guten Mann vor Ort in der Zentrale. Laptop, Smartphone, iPad, Firmenwagen alles soweit gut. Kommunikation mit Kollegen untereinander wird aber über Laptop und Cellphone überwacht. Man erhält darüber eine Statistik, wann und wie oft man mit wem kommuniziert hat. Privatrechner und Privattelefon ist also von Nöten, möchte man keinen Anpfiff bekommen, warum man mit Kollege x 15 min um 10 Uhr vormittags telefoniert hat. Nutzung des iPads wird ebenso überwacht, welche Seiten man dem Kunden gezeigt hat und wie oft. Oft sitzen die Kollegen NACH den Besuchen im Auto und spielen die Besuche dann nach, damit es keinen Ärger gibt, weil man das Teil nicht benutzt hat, weil der Kunde das nicht wollte. So umgeht man Diskussionen. Gewünscht ist die Eingabe des Besuchs ebenfalls direkt nach dem Besuch. Man sitzt also auf dem Parkplatz und tippt auf dem Teil rum anstatt zum nächsten Kunden zu fahren.

Calls kloppen nach Vorgaben/Ampelsystem. Und das, obwohl schon mehrere Gerichte entsprechendes als nicht korrekt geurteilt haben. Da wird sich drüber hinweggesetzt. Wo kein Kläger, da kein Richter."

Es ist nicht belegt wie repräsentativ diese Aussage ist. Viele Gespräche gestatten allerdings die Annahme, dass die beschriebenen Verfahren auch im Jahre 2017 noch viel zu oft der Realität entsprechen oder zumindest sehr nahe kommen.

Leider wenig Neues gegenüber früher

ABBILDUNG 25: AUSSENDIENST EINFÜHRUNGSTAGUNG 1984

AUSBLICK MIT EINBLICK

Die meisten Erinnerungen belegen, dass sich in Pharma-Marketing und -Vertrieb über Jahrzehnte nur wenig verändert hat. Die stetige Veränderung der Umweltbedingungen für die Pharmaindustrie wird erkannt, beklagt und danach versucht auszusitzen oder zu umgehen. Wandel aktiv zu gestalten ist kein Paradigma der Gesundheitsindustrie.

Wie sieht die Zukunft der Pharmaindustrie aus?

Die Glaskugel ist nicht jedermanns Sache. Im Zusammenhang mit der Pharmaindustrie scheint es jedoch einige robuste Annahmen zu geben.

1. Digitale Disruptoren wie z.B. Amazon werden nicht nur klinische Prüfungen verändern. Das beginnen sie bereits.
2. Ziele und Endpunkte klinischer Studien werden sich zunehmend am politisch erzwungenen Anspruch, am klinischen und wirtschaftlichen Mehrwert und dem Vergleich mit Standardtherapien ausrichten.
3. Die Möglichkeiten der Preisgestaltung für Arzneimittel et al werden deutlich enger, Erstattungs-Preise werden sinken und Gewinnmargen werden schmaler. Die Zeiten von EBIT-Margen von mehr als 50% neigen sich dem Ende zu.
4. Wegen der Veränderungsgeschwindigkeit des Pharma-Biotops werden die bisherigen Mehr-Jahresplanungen obsolet.
5. Nachdem Ärzte immer weniger Einfluss auf Therapie-Entscheidungen haben, entfällt demnächst die bisherige Kernzielgruppe des Vertriebs.
6. Ärzte stillen ihren Informationsbedarf vornehmlich aus Quellen außerhalb der Pharmaindustrie.
7. Für ca. 80% aller ärztlichen Verordnungen Deutschlands, nämlich vertragsgebundene Generika, wird Umsatz in Apotheken entschieden.
8. Einführung, Marktpräsenz, Preis und möglicher Ziel-Umsatz innovativer Arzneimittel werden von zentralisierten Instanzen entschieden.

9. Strukturen, Prozesse und Verfahren der Industrie werden sich wesentlich verändern (müssen).
10. Die Zeit des „Jeder tut das, was alle bereits machen" endet. Differenzierung und aktive Beiträge zum Gesundheitswesen „beyond the pill" werden zum Zukunftsparadigma der Pharmaindustrie.

Digital: ein unbekanntes Thema

Das alltägliche Thema „Digitalisierung" scheint noch nicht im Bewusstsein der Gesundheitswelt angekommen zu sein. Dies ist umso erstaunlicher, als der Alltag der handelnden Personen weitgehend digitalisiert ist.

Irgendwo muss eine Blockade existieren, die verhindert, dass sich der eigene digitale Alltag in den Beruf überträgt. Diese Blockade findet eine erste Entsprechung in der Aufgabe von Außendiensten: Kein Vertriebsleiter würde regelmäßige Besuche von Außendienstlern von Versicherungen, Finanzberatern oder Autohäusern akzeptieren. Er schickt aber täglich seinen Außendienst, das gleiche bei Heilberuflern zu tun.

Außendienstleiter und andere Beteiligte kaufen regelmäßig digital ein, haben Adblocker in ihren PCs, informieren sich bei Anwendern und Nutzern von Angeboten und eben nicht beim Anbieter. Sie gehen aber davon aus, dass Heilberufler genau das tun und von den Internetauftritten der Pharmaunternehmen Produktinformationen abrufen. Gleiches gilt für die wenig frequentierten Pharmapräsenzen bei Twitter, Facebook, Instagram und all den vielen anderen sogenannten sozialen Medien.

Nur durch eine spezielle Blockade oder ein großes Hemmnis sind die weitgehend fehlende Digitalisierung und die Annahmen für die digitale Zukunft in Pharmaunternehmen zu verstehen.

ABBILDUNG 26: NACH EINER UNTERSUCHUNG DES BMWI 2017

Knapp 30% der deutschen Unternehmen erwirtschaften in 2017 bereits mehr als 60% des Umsatzes digital. Deren Geschäftsmodell, nicht deren Werbung, ist digital. Das Gesundheitswesen allerdings und mit ihm die Pharmaindustrie stehen am unteren Ende der Digitalisierten und sehen offensichtlich auch in Zukunft keine Notwendigkeit sich darum zu kümmern. Neue, vielleicht sogar digitale Geschäftsmodelle erscheinen auch für die Zukunft weit entfernt. Quelle: (Kantar-TNS, 2017)

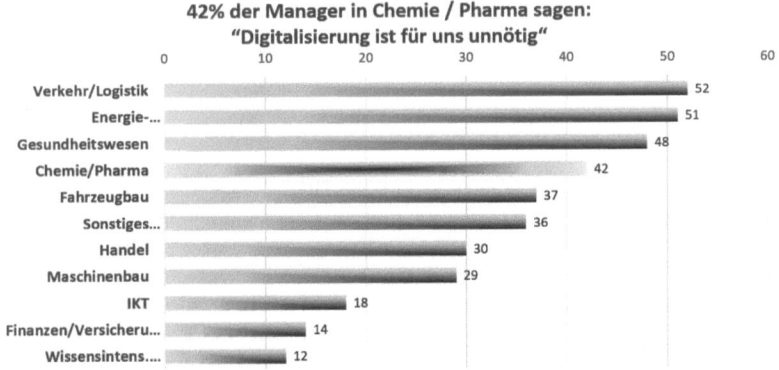

42% der Manager in Chemie / Pharma sagen:
"Digitalisierung ist für uns unnötig"

Verkehr/Logistik	52
Energie-...	51
Gesundheitswesen	48
Chemie/Pharma	42
Fahrzeugbau	37
Sonstiges...	36
Handel	30
Maschinenbau	29
IKT	18
Finanzen/Versicheru...	14
Wissensintens....	12

EIN GRUND FÜR DIE VERÄNDERUNGSBLOCKADE

Vielleicht sind es die aktuellen Umsätze und Gewinne, die Manager einbremsen?

Ernest & Young hat gemeldet, dass im ersten Halbjahr 2017 BMW mit einer EBIT-Marge von 11,3% der profitabelste Auto-Konzern der Welt war. Schaut man zum Vergleich in die Welt der Pharmaindustrie erkennt man, wo ein „Roadblock" zur Veränderung liegen kann.

EBIT – Margenvergleich [23]			
Automobil		**Pharma**	
BMW	11,3%	Gilead	59,4%
Suzuki	10,3%	Biogen	43,1%
Daimler	9,7%	Amgen	42,6%
General Motors	8,2%	Sanofi	19,3%
Volkswagen	7,7%	Boehringer, [24]	18,1%
PSA Group	7,0%	Novartis	16,1%
Toyota	7,0%	Pfizer	15,8%

Warum sollte also ein angestellter Geschäftsführer ein unternehmerisches Risiko eingehen, wenn sein Unternehmen aktuell mehr Geld verdient, als der profitabelste Autokonzern der Welt?

Es werden wahrscheinlich also weiterhin „Verkäufer" für den Pharmaaußendienst gesucht, CRM-System bleiben Kontrolltools und Key Account Management bleibt ein anderes Wort für den Klinikaußendienst.

Prof. Brian D Smith schreibt dazu im Pharmaceutical Market Europe (Smith, 2017): *"The fear is not in making the wrong decision, but in not knowing or not understanding the significance of something."*

Dies erklärt zu einem Teil warum die aktuelle Situation einer der wohlhabendsten Industrien so ist, wie sie ist. Weil das Gesundheitswesen

---

[23] Alle Daten von https://www.onvista.de/aktien/ am 25.8.2017
[24] Betriebsergebnis in % der Umsatzerlöse, Jahresbericht 2016

aber der größte Einzelmarkt eines Landes ist, sind ständige Markteintritts- und Innovationsversuche normal. Stillstand ist im Gesundheitswesen sicher keine Option. Nachdem es die Pharmaindustrie nicht möchte oder kann, werden wohl Andere „die Sache in Bewegung bringen".

Es bieten sich zwei Szenarien für die nähere Zukunft an:

ALTERNATIVE 1: DISRUPTION

Sicher kennen Sie ein Unternehmen namens Flixbus. Dieses Unternehmen bietet pro Tag mehr als 6.300 Busfahrten quer durch Europa an. Für das Jahr 2017 sind 40 Millionen Passagiere geplant und es werden in 2017 bereits mehr als 1.200 Verbindungen in 22 Ländern bedient.

Flixbus wurde weder von der Deutschen Bahn®, noch von der Lufthansa® und auch nicht von Sixt® oder Setra® gegründet. Flixbus ist bereits drei Jahre nach Markteintritt ein zentraler Wettbewerber für die Deutsche Bahn AG.

Flixbus besitzt selbst keinen eigenen Bus!

In der digitalen Welt ist es von untergeordneter Bedeutung ein Produkt physisch selbst herzustellen. Der frühere Begriff „Fertigungstiefe" spielt eine immer geringere Rolle. Alles was ein Unternehmen wie Flixbus, neben der tatsächlichen Geschäftsidee und den digitalen Kompetenzen benötigt, gibt es auf dem Markt zu kaufen. Für ein digitales Unternehmen ist es einfach, sich in den Regalen der analogen Welt zu bedienen. Die Analogie zu AirBnB, einem weiteren digitalen Geschäftsmodell, ist frappierend, denn der größte Übernachtungsanbieter besitzt kein einziges Hotel.

Es stellt sich die Frage: „Welche Rolle kann in einer digitalen Zukunft die Pharmaindustrie spielen?"

Wer wird es sein?

Man darf sehr gespannt sein, wer sich das Flixbus-Geschäftsmodell zu eigen macht und ein *„Therapiebus"*-Unternehmen gründet.

Eine wertstiftende Rationale liegt nahe

Therapie findet heute in sehr vielen Bereichen leitliniengestützt und damit ohne rationale Abweichungsmöglichkeit statt. Sobald eine Diagnose, immer häufiger mit Unterstützung künstlicher Intelligenz, klar und codiert ist, könnte es passieren:

> Ein digitales Unternehmen wie *„Therapiebus"* wird die Einstellung des Patienten, die Versorgung mit Arzneimitteln, die Bereitstellung von Hilfsmitteln, die Aufrechterhaltung der Therapieadhärenz, die Überprüfung der Wirksamkeit, Sicherstellung und Abfrage der Patientenzufriedenheit übernehmen.

> Regelmäßiger Kontakt mit den Patienten stellt sicher, dass Patientendaten aktuell bleiben und die Patientenakte immer auf einem optimalen Stand ist. Alle denkbaren und möglichen Sensoren, Gesundheitsarmbänder und Tracking-Devices übergeben ihre gesammelten Informationen direkt und ohne Umweg in die Patientenakte. Dies gilt selbstverständlich auch für Blutdruck-und Blutzuckerwerte oder Hinweise zur derzeit wahrgenommenen Lebensqualität des Patienten.

> Der regelmäßige Abgleich der Daten eines Patienten mit den Werten eines umfassenden und gleichsinnigen Klientels durch Künstliche Intelligenz, wie zum Beispiel IBM Watson, wird dafür sorgen, dass der Genesungs-, oder Krankheitsverlauf auf dem optimalen Pfad verläuft. Jegliche relevante Abweichung wird dem Patienten elektronisch übermittelt. Da der Patient die Hoheit über seine Krankenakte besitzt, wird er sicherstellen, dass kritische Werte seinem Gesundheitscoach und/oder

Arzt übermittelt werden. In seiner oder der Hand des Gesundheitscoachs wird es liegen alle Werte so schnell wie möglich wieder „zurück ins Optimum" zu führen.

In diesem Szenario befinden sich Sensoren und Arzneimittel auf dem gleichen Level: Sie sind austauschbare Commodities und werden deswegen von einem Zulieferer bezogen, der seine Produkte mit großer Präzision, punktgenauer Verfügbarkeit und zum günstigsten Preis bereitstellen kann.

Bei einer solchen disruptiven Zukunft wird die Pharmaindustrie zum Zulieferer des Gesundheitswesens. Gewinne werden sich dann in einem „normalen" Rahmen bewegen, der bei Zulieferern meist im einstelligen Prozentbereich liegt.

Marketing und Vertrieb werden sich damit erübrigen und „richtige" Key Account Manager der Pharmaindustrie werden auch bei „Therapiebus" ein Büro haben. Die gemeinsame Diskussion über die immer bessere und umfassendere Patientenversorgung wird dann deren täglich Brot sein.

ALTERNATIVE 2: MUTIGE INNOVATION

„Die Ausgaben für Forschung- und Entwicklung (FuE) der Chemie- und Pharmabranche stiegen 2016 um vier Prozent auf einen neuen Höchststand von 10,8 Milliarden Euro. Damit sind die FuE-Etats zum sechsten Mal in Folge angewachsen und erreichen einen Rekordwert, wie der Verband der Chemischen Industrie (VCI) in neuesten Zahlen mitteilte. Im Branchenvergleich hat die chemisch-pharmazeutische Industrie somit die höchste Innovationsorientierung. (PharmaFakten, 2017)

Solche Sätze sprechen von der Produktinnovation, die sich zurzeit auf wenige, aber (noch) sehr lukrative Indikationen beschränkt. Sie lenken von dem tatsächlichen Innovationsbedarf der Industrie ab.

Es erscheint durchaus vorstellbar, dass ein weitsichtiger und mutiger Pharma-CEO, oder auch ein gut vernetzter Landesleiter den wirklichen Innovationsbedarf oder eines der vielen „Windows of Opportunity" erkennt und es für sein Unternehmen öffnet.

Mutig muss er sein und kreative Menschen wird er um sich herum benötigen, um sein Unternehmen endlich von anderen zu differenzieren. Er, oder natürlich sie, werden das Nachmachen beenden und sich mit ihrem Unternehmen vom tradierten „Pharma-Mainstream" emanzipieren, in dem der typische Satz: „Jeder macht das, was alle anderen bereits tun." viel Nährboden findet.

In ihrem Kern bedeutet die Alternative 2, dass ein Pharmaunternehmen sich aktiv in die Versorgung von Patienten einbringt.

In diesem Szenario geht es der Pharmaindustrie nicht länger darum „Umsatz zu kloppen", sondern den Schatz enormen Wissens, hunderte von Mannjahren an Erfahrung und großes medizinisches Wissen und Können im Sinne des Patienten im eigenen Haus zu heben. Einmischung

und Verbesserung des „patient-outcome" im Rahmen der eigenen For-
schungs- oder Therapieschwerpunkte sind das neue Unternehmensziel.
Ebenfalls neu: Der Grad der Zielerreichung wird beim Patienten gemessen: er wird gefragt, ob es ihm besser und wie es ihm geht.

Einem Pharmaunternehmen wird es mit einem solchen Geschäftsmodel
ebenfalls bessergehen, es wird Vertrauen genießen, der Umsatz wird
als Konsequenz zunehmen und ein solches Geschäftsmodell erscheint
darüber hinaus derzeit als zukunftsrobust.

Die erste und wichtigste Aufgabe eines Pharmaunternehmers wird es
sein, die Marke seines Unternehmens mit Vertrauen aufzuladen. Klingt
einfach, ist in dieser Branche aber schwer, denn die angehäuften Ver-
trauens-Hypotheken sind vielfältig. Das „ewige Verkaufen", die Preispolitik vieler Unternehmen mit eingeführten Arzneimitteln und die teilweise als obszön bezeichneten Preisschilder bei neuen Medikamenten,
haben die Reputation der Pharmaindustrie zerstört. In der Vergangenheit haben zu viele Manager Gesetze und Codices dem Buchstaben entsprechend zum eigenen Vorteil interpretiert. Negiert wurde zu
oft Sinn und Botschaft neuer Regeln. Wer das 5-Sterne-Schild am Ta-
gungshotel abhängen lässt, damit er weiterhin Ärzte dorthin einladen
kann, darf sich über Bewegungen wie www.Mezis.de[25], unrühmliche Bücher
und rufschädigende TV-Sendungen nicht wundern.

Vertrauen wird eine der Grundvoraussetzungen dafür sein, dass ein
Pharma-Unternehmen gemeinsam mit seinen wesentlichen Stakehol-
dern beginnen kann, sich aktiv um eine bessere Patientenversorgung
zu bemühen.

Einer der Pfade auf denen sich ein Pharma-Unternehmen zusammen
mit z.B. einem Universitätskrankenhaus bewegen wird, wird heute als
Key Account Management bezeichnet. Um eine „mutige Evolution" auf
den Weg zu bringen ist KAM 3.0 das Ziel.

---

[25] MEZIS = „Mein Essen zahl ich selber"

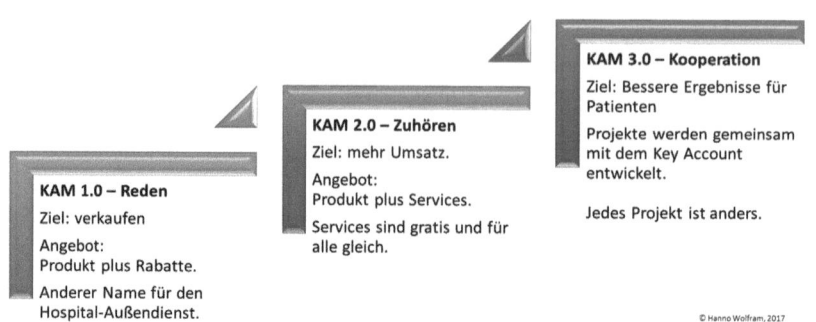

KAM 3.0 – Kooperation

Ziel: Bessere Ergebnisse für Patienten

Projekte werden gemeinsam mit dem Key Account entwickelt.

Jedes Projekt ist anders.

KAM 2.0 – Zuhören

Ziel: mehr Umsatz.

Angebot: Produkt plus Services.

Services sind gratis und für alle gleich.

KAM 1.0 – Reden

Ziel: verkaufen

Angebot: Produkt plus Rabatte.

Anderer Name für den Hospital-Außendienst.

© Hanno Wolfram, 2017

ABBILDUNG 27: BEISPIELHAFTE ENTWICKLUNGSSTUFEN

Gemeinsame Projekte mit Klinikketten, Universitäten, Ministerien, ärztlichen Vereinigungen, Apotheken und Fachgesellschaften, die glaubhaft am Patienten interessiert sind, werden die Gesundheitslandschaft auf Dauer verändern. Sobald „patient-outcome" zum authentischen und glaubwürdigen Unternehmensziel wird, beginnt ein Pharmaunternehmen seinen Wissens- und Kenntnisschatz innovativ und zukunftsorientiert einzusetzen. Das „Verkaufen" an Ärzte, die niemals etwas kaufen, wird beendet. Der Außendienst wird neue und andere Aufgaben bekommen und vielleicht zum „physician assistant" oder „Digitalisierungshelfer" werden.

Das Ende einer Ära beginnt damit, dass man an das Beenden denkt.

Wem das zu theoretisch und weit weg klingt, für den gibt es Beispiele. Der Hersteller von Injektabilia für Kinder, der Ärzten und Eltern via Außendienst bei der Injektion hilft und fast jeden Patienten kennt, ist schon lange aktiv und wahrscheinlich bekannt. Das Verfahren soll nur als Hinweis dienen, dass es geht. Ähnliches gilt inzwischen auch für Unternehmen mit wundversorgenden Produkten.

Die besten Beispiele für das Schlagwort „Beyond the pill" finden sich allerdings außerhalb des Gesundheitswesens.

144

Vielleicht könnte adidas ein solches Beispiel für ein Pharmaunternehmen sein:

Adidas® kooperiert mit dem chinesischen Bildungsministerium und bildet 50.000 Sportlehrer in China aus. (Damm, 2017)

Zitat Christoph Damm: *„Wie groß das Potenzial in China ist, hat das Anlegermagazin „Der Aktionär" ausgerechnet: Bei insgesamt 500 Millionen Fußballfans, die es in China geben soll, könnte schnell ein Milliardenumsatz entstehen. Sollten nur zehn Prozent dieser Masse jährlich Adidas-Produkte im Wert von 80 Euro kaufen, wären das vier Milliarden Euro Erlös, so das Magazin."*

Falls Ihnen jetzt der Satz einfallen sollte: *„Im Gesundheitswesen geht doch sowas nicht, das ist viel zu sehr reguliert!"*, kann dies ein Symptom für eine tiefsitzende Veränderungssperre sein.

George Bernhard Shaws Beitrag könnte lauten: „Es ist nicht weise, das zu verteidigen, was man ohnehin aufgeben muss." Es heißt aber auch „Gedanken springen wie Flöhe von einem zum anderen, aber sie beißen nicht jeden."

Vielleicht kann dieses Buch einen Beitrag dazu leisten, „vom Floh gebissen zu werden."

MEIN DANK

Es sind die Gespräche mit eindrucksvollen Personen und Persönlichkeiten, die sich im Laufe eines Lebens ins Gedächtnis einprägen. Wir alle erleben regelmäßig, dass einzelne Sätze, Zitate oder Situationen auf unserer individuellen Festplatte fast unauslöschlich gespeichert werden. Bei all denjenigen, die wissentlich oder zufällig persönliche Beiträge zu diesem Buch geleistet haben, möchte ich mich an dieser Stelle herzlich bedanken.

Ein wichtiges Privileg des Älterwerdens ist es, dass man Zeit und Muße findet, sich eben an diese Sätze, Zitate oder Situationen bewusst zu erinnern und dann den Schritt zu tun, davon anderen zu berichten.

Von besonderem Wert bei der Verfassung war die Literatur aus der Anfangszeit der Pharmaaußendienste, die mir in dankenswerter Weise Dr. Joachim Hirt aus Volkach / Hirschberg aus seinem reichen Fundus zur Verfügung gestellt hat. Vor allem das „Vademecum für Pharmaberater" aus dem Jahre 1986, hat es mir angetan.

Mein Dank an Wolfgang Lingnau, Kenner der Szene und vieler meiner Geschichten, der mich beim Lektorat hilfreich unterstützt hat.

Claudia Sawallisch, begabte Künstlerin, Kommunikationsberaterin und Mediatorin aus Berlin hat mir sehr geholfen, meine Zweifel an der ästhetischen Gestaltung und zentralen Texten zu beseitigen.

Danke auch an meine Frau Ulrike, die meine gelegentlichen Absencen in den zwei Jahren der Entstehung dieses Buches nicht nur ertragen, sondern mich mit ihren Fragen und Kommentaren beim Nachdenken unterstützt hat.

LITERATURVERZEICHNIS

Craig Sharp. (2016, April 18). *www.pharmaphorum.com*. Retrieved from http://pharmaphorum.com/articles/pharma-needs-hybrid-sales-and-marketing-rep

Craig Sharp. (2016, April 16). *www.Pharmaphorum.com*. Retrieved from http://pharmaphorum.com/articles/pharma-needs-hybrid-sales-and-marketing-rep/

Craig Sharp, IMS Health. (2016, 4 22). *Pharma articles*. Retrieved from Pharmaphorum: http://www.pharmaphorum.com/articles/pharma-needs-hybrid-sales-and-marketing-rep?utm_source=pharmaphorum+newsletter&utm_campaign=961a691eaa-newsletter_21_04_16&utm_medium=email&utm_term=0_a5a7086d33-961a691eaa-43068705

Damm, C. (2017, August 25). *Businessinsider*. Retrieved from Businessinsider.de: http://www.businessinsider.de/adidas-ungewoehnliche-methode-zur-eroberung-des-chinesischen-marktes-2017-7

Dan Pink. (2009, Juli). *TED*, Video transcript. Retrieved from http://www.ted.com/talks/dan_pink_on_motivation/transcript: http://www.ted.com/talks/dan_pink_on_motivation/transcript

Duden. (2016, 2 29). *www.Duden.de*. Retrieved from Duden: http://www.duden.de/rechtschreibung/Kunde_Abonnent_Kerl#Bedeutung1

Emig, A. (1988). Vademecum für Pharmeberater: der Arztbesuch. München: das pharma zentrum - dpz.

Farr, C. (2016, 03 10). *FastCompany - Verily*. Retrieved from https://www.fastcompany.com/3057455/verily-is-building-a-google-for-medical-information

Firstword. (2017, August 21). *Firstwordpharma.com*. Retrieved from Firstword: https://www.firstwordpharma.com/footer/benefits?tsid=17

Gesundheitsministerium. (29.6.2006 - 12:00). *Eckpunkte zu einer Gesundheitsreform 2006*. Berlin: Bundesministerium für Gesundheit.

IFABS RSS-Feed. (2016, März 23). Wie zufrieden sind Pharma-Referenten mit ihren CRM-Systemen? e-mail.

Kantar-TNS. (2017, August 28). *BMWI*. Retrieved from https://www.bmwi.de: https://www.bmwi.de/Redaktion/DE/Publikationen/Digitale-Welt/monitoring-report-wirtschaft-digital.html

MarburgerBund. (2017, August 8). *https://www.marburger-bund.de/artikel/allgemein-pressemitteilungen/2017/zu-wenig-zeit-fuer-patienten-zu-viel-arbeit-mit-buerokratie*. Retrieved from https://www.marburger-bund.de: https://www.marburger-bund.de

Markovitz, D. (2013, 6 11). *The Folly of Stretch Goals*. Retrieved from Harvard Business Review: http://blogs.hbr.org/cs/2012/04/the_folly_of_stretch_goals.html

OECD. (2015). *http://www.oecd.org/els/soc/OECD2014-SocietyAtAGlance2014.pdf*. Retrieved 12 14, 2015, from OECD Social Indicators: http://www.oecd.org/els/soc/OECD2014-SocietyAtAGlance2014.pdf

PharmaFakten. (2017, 8 29). *Pharma Fakten*. Retrieved from https://www.pharma-fakten.de/fakten-

hintergruende/newsbites/pharma-fakten-grafik-
innovationsorientierung-der-pharma-branche-auf-
rekordhoch/

Pink, D. (2014, 7 1). *The puzzel of motivation*. Retrieved from TED
Ideas worth spreading:
http://www.ted.com/talks/dan_pink_on_motivation/transcri
pt

ProGenerika. (2017, August 7). *http://www.progenerika.de*.
Retrieved from http://www.progenerika.de/wp-
content/uploads/2017/07/Marktdaten-Generika-Mai-
2017.pdf

ProGenerika. (2017, 6 6). *http://www.progenerika.de/wp-
content/uploads/2017/02/Marktdaten-Generika_Dezember-
2016.pdf*. Retrieved from www.Pro-Generika.de.

Smith, B. D. (2017, 8 29). *Digitaleditions PMLive*. Retrieved from
PMLive.com:
http://digitaleditions.pmlive.com/html5/reader/production
/default.aspx?pubname=&edid=7f4ee08f-d728-443f-
b993-6d83fff46080&pnum=16

Stepstone. (2016). *Stepstone Gehaltsreport 2016*. Newsletter:
HealthcareMarketing.eu.

TNS. (2016, Juni 13). *HealthCareMarketing*. Retrieved from
http://www.healthcaremarketing.eu/unternehmen/detail.ph
p?nr=42105

Uri Gneezy, Pedro Rey-Biel, Stephan Meier. (2011, Fall). When and
Why Incentives (Don't) Work to Modify Behaviour. *Journal
of Economic Perspectives*, pp. 191 - 210.

WHO. (2003, Juni 12). *Behavioural mechanisms explaining
adherence*. Retrieved from
http://www.who.int/chp/knowledge/publications/en:

http://www.who.int/chp/knowledge/publications/adherenc
e_annexes.pdf

Wikipedia. (2016, März 20). *Wikipedia - Blockbuster*. Retrieved
from Wikipedia:
https://en.wikipedia.org/wiki/Blockbuster_bomb

ABBILDUNGSVERZEICHNIS

ZUTATEN-ZITATE

MERKBLATT FÜR PHARMABERATER, BPI, SEPTEMBER 1982
VI. Allgemeine Werbemaßnahmen:
Nach § 10, Abs. 1 des Kodex ist es ihnen nicht erlaubt, Ärzten Rezept-stempel von Präparaten auszuhändigen, da nicht auszuschließen ist, dass der Arzt hierdurch bei der Auswahl der von ihm zu verordneten Arznei-mitteln die werbende Firma gegenüber ihren Mitbewerbern bevorzugen wird. Sollte der Arzt von ihnen die Anfertigung eines Rezeptstempels erbitten, müssen Sie ihn auf die Unzulässigkeit der Abgabe solcher Stem-pel verweisen.

QUELLE: DER PHARMAREFERENT, EIN HANDBUCH FÜR AUSBILDUNG UND BERUFSPRAXIS; A. SCHAUER, R. ABELE, VERLAG GUSTAV FI-SCHER, 1996
S. 9: Ein Berufsbild im Wandel. Nach wie vor ist der Pharmareferent ein Ärztebesucher der durch Informationsarbeit mittels Kundengespräch den Kunden davon überzeugt, bestimmte Arzneimittel zu verschreiben, aus-zuprobieren und somit den Umsatz des jeweiligen Unternehmens zu stei-gern.

S. 60:
„Wer nicht mit der Zeit geht, der geht mit der Zeit."
Seite 89:
Gesprächsabschluss: Es gibt Gesprächspartner die sich um einen konkre-ten (harten) Abschluss drücken. Denen bleibt immer noch die Möglichkeit eines etwas unverbindlicheren (weichen) Abschlusses. Doch ein Verkaufs-oder Beratungsgespräch ohne Abschluss ist kein Gespräch in diesem Sinne, weil der wichtigste Punkt, die bindende Abschlussvereinbarung nicht zustande gekommen ist.
Seite 99: Zukunftschancen
„Der Pharmareferent in seiner bisherigen Form hat ausgedient: er ist als Geschenkeüberbringer und Small-talk Spezialist, der Preis-Dosis-Ge-spräche zur Erhöhung der Anzahl von Standard-Verordnungen führt,

überflüssig geworden. Gefragt sind maßgeschneiderte, wertvolle Messages die dem Arzt einen einfachen aber doch umfassenden Überblick im medizinischen Informationsgewirr verschaffen. Die hochwertige Beratung des Pharmaexperten über bestimmte Therapiegebiete wird jetzt firmenübergreifend erwartet.

Seite 233: Aufgaben der Marketingabteilung

Der Begriff Marketing wird in verschiedenen Lehrbüchern oft differenziert interpretiert und wurde in der Pharmaindustrie anfangs sehr zögerlich eingeführt, da in nicht wenigen Pharmafirmen die Meinung vorherrscht, dass das klassische Marketing auf die spezifische Ware Arzneimittel nicht anwendbar sei.

Seite 247:

Da etwa 20-25 % aller Kosten eines Unternehmens auf den Außendienst entfallen, ist dies neben den Forschungsetats der größte Kostenblock eines Unternehmens. Man setzt etwa 110 DM für einen Arztbesuch an. Deshalb müssen Außendienstmitarbeiter bei neun Besuchern einen Tagesumsatz von mindestens 4000 DM für das Unternehmen erreichen. Je nach Größe des Gebiets sollte ein Pharmareferent in der Praxis ca. 800.000 DM Umsatz pro Jahr erreichen. Ein Klinikreferent und Key-Accounter ca. 1,4 Millionen DM. Schon alleine durch diese Umsatzzahlen sieht man die Bedeutung des Außendienstes für die Pharmaindustrie.

Seite 249: Fazit

Der Außendienst ist nicht nur ein Teil des Marketing-Mix sondern ist für das Produktmanagement der erste zu überzeugende Kunde. Nur wenn das Produktmanagement diese Rolle versteht ist eine echte Zusammenarbeit zwischen Vertrieb und Marketing gewährleistet.

ADLER & BÜFFEL, GERD LADSTÄTTER, 2006, BOD NORDERSTEDT
S. 14, Das Marketingparadoxon in der Pharmaindustrie.

Bereits in den sechziger Jahren des vorigen Jahrhunderts hatte Peter Drucker den einzigen Sinn einer privatwirtschaftlich orientierten Organisation darin gesehen, Kunden zu schaffen und zu entwickeln. „Es gibt nur eine valide Definition eines Geschäftszwecks: Kunden zu schaffen." (P. Drucker) Dieses Postulat. das Schaffen von Kunden als einzigen

Zweck eines privatwirtschaftlichen Unternehmens, wurde in der Pharma-industrie über Jahre hinweg ignoriert. Ein Produkt zu schaffen, das war es was zählte.

S. 21: Besuchsschwund

Beim Ausbau der Außendienstkapazitäten wurden in den letzten drei Jahren seltsame Beobachtungen gemacht. Laut einer Studie aus den USA hatte die jährliche elfprozentige Steigerung der Außendienstgröße lediglich eine zweiprozentige Steigerung der Besuche bewirkt. (Quelle: Pharmaceutical Executive Mai 2003) und das bei abnehmenden Gesprächszeiten pro Außendienstmitarbeiter auf heute 30 Sekunden pro Präparat (Quelle: F. Harms, 2005) und ein nicht unerheblicher Anteil dieser Gespräche findet zwischen Tür und Angel statt.

Laut einer Präsentation von Pfizer (Rick Martin, Salesforce Effectiveness Summit in Philadelphia 2004) werden generell 60-70 % aller Besuche bei Ärzten getätigt, die geringe oder gar keine Verordnungen produzieren.

QUELLE: VADEMECUM FÜR PHARMABERATER; DER ARZTBESUCH; ALEXANDER EMIG, 1986

Wie setzt man Motivationskräfte frei?

Das Motivieren geschieht dadurch, dass Motive und Bedürfnisse angesprochen werden. Dieses Ansprechen geschieht durch eine motivierende Botschaft. Wenn eine motivierende Botschaft auf ein Bedürfnis stößt, bewirkt diese, dass sich die Zielperson von ist zu soll in bewegt.

Zuckerbrot und Peitsche so heißen, auf zwei Schlagworte reduziert, die Grundlagen des Motivierens. Das Zuckerbrot, der Anreiz, die positive Motivation stellt die Befriedigung eines Bedürfnisses in Aussicht. Dafür lohnt es sich anzustrengen, etwas zu tun, sich einzusetzen.

Die Peitsche verursacht Schmerz, den will man vermeiden. Auch hierfür lohnt sich eine Anstrengung. Die Peitsche veranschaulicht die Bedrohung, die negative Motivation.

Diese beiden Motivatoren spielen in allen Lebensbereichen eine Rolle, sowohl im Familienleben („Wenn du brav bist, darfst du das, und wenn du böse bist, gibt's Schläge!"), wie auch in der Religion.

Das ewige Schmoren im Höllenfeuer, das endlose Leid der Verstrickungen in den Wiedergeburten gegenüber der Glückseligkeit des Himmels oder Nirvanas.

Ziele:

Eine Zielbeschreibung muss immer aussagen, was der Mitarbeiter tun soll, was er fähig sein soll zu tun! Wenn wir an den abstrakten Zuständen wie Kenntnissen oder Einstellungen interessiert sind, so können wir nur dann etwas über den Erfolg erfahren, wenn wir den Mitarbeiter beobachten, der etwas tut, der diese abstrakten Zustände in die Tat umsetzt! Demnach ist also das wichtigste und am wenigsten aufwendigste Kennzeichen einer nützlichen Zielbeschreibung, dass sie die Art der Fähigkeit beschreibt, die als Nachweis für das beherrschen des Zieles der Mitarbeiter angesehen wird.